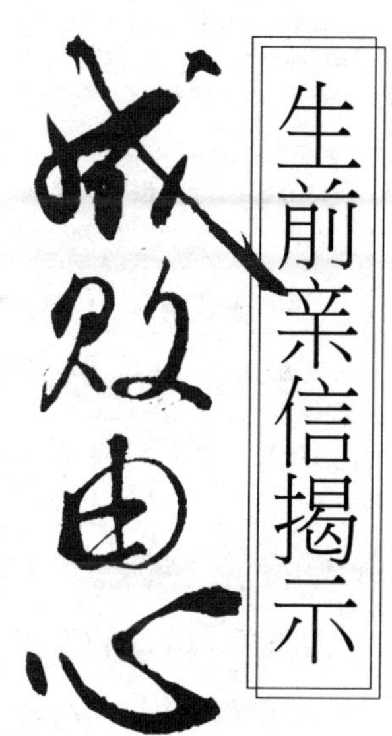

松下幸之助先生的经营哲学

[日]江口克彦——著　赵媛——译

新世界出版社
NEW WORLD PRESS

图书在版编目（CIP）数据

成败由心：松下幸之助先生的经营哲学 /（日）江口克彦著；赵媛译 . -- 北京：新世界出版社，2019.8
ISBN 978-7-5104-6772-1

Ⅰ . ①成… Ⅱ . ①江… ②赵… Ⅲ . ①松下幸之助（1894–1989) —商业经营—经验 Ⅳ . ① F715

中国版本图书馆 CIP 数据核字（2019）第 088655 号

著作权合同登记号：01–2018–8373

成败由心：松下幸之助先生的经营哲学

作　　者：（日）江口克彦
译　　者：赵　媛
责任编辑：董晶晶
责任印制：王宝根
出版发行：新世界出版社
社　　址：北京西城区百万庄大街 24 号（100037）
发 行 部：（010）6899 5968　（010）6899 8705（传真）
总 编 室：（010）6899 5424　（010）6832 6679（传真）
http://www.nwp.cn
http://www.nwp.com.cn
版 权 部：+8610 6899 6306
版权部电子信箱：nwpcd@sina.com
印　　刷：天津中印联印务有限公司
经　　销：新华书店
开　　本：787mm × 1092mm　1/16
字　　数：170 千字
印　　张：16
版　　次：2019 年 8 月第 1 版　2019 年 8 月第 1 次印刷
书　　号：ISBN 978-7-5104-6772-1
定　　价：58.00 元

序 言
PREFACE

平成元年（公元1989年）4月27日，松下幸之助先生逝去。但仍然可以说，至今他还活着。

关于死亡，有这样一个说法："每个人都会死两次：第一次是肉体毁灭，第二次是从他人的记忆中消失。"

这出自何人之口呢？

是澳大利亚的原住民亚波里吉尼族的谚语吗？是法国艺术家克里斯汀·波尔斯坦基的见解吗？是已故演员松田优作或永六辅留下的金句吗？还是其他人说的呢？

这句话虽然出处不明，但毫无疑问是一条至理名言。

梅特林克的名作《青鸟》中有一幕叫作"回忆之国"。其中的一个场景是，狄狄尔和弥蒂儿兄妹俩与故去很久的爷爷奶奶相见了，他们四人抱在一起，因久别重逢而兴奋激动。爷爷说："只要你们想起我们，我们就会像这样醒来与你们相会。"

虽然松下幸之助先生已经离开我们近三十年了，但他却依旧为人们尊崇和传颂，很多人都想从他的超凡功绩中学到些东西。虽然松下幸之助先生的肉体已经毁灭了，但仍有很多人想起他，继承他的遗训。这些正是松下幸之助先生现在依然活着的明证。

那么，松下幸之助先生何以在去世多年后依然活着呢？为什么现在仍有很多人回忆他，继承他的遗训呢？

我认为这是因为"人类观"是松下先生思维方式的核心，对"人"的关注深植于松下先生的内心深处，在其经营和经营观中随处可见。

仅就经营或经营观而论，同时代的经营家们也发表过相似的见解。但即使发表的是相同的观点，很多人还是被松下先生吸引，他们对松下先生的言论始终饶有兴趣。在他们看来，这些熠熠生辉的话语是无价的钻石，而不是锆石[①]。

昭和三十九年（公元1964年），美国《生活》杂志这样评价松下幸之助先生——"最卓越的产业人、最高收入者、思想家、杂志发行人、畅销书作者"。其中，"思想家"是对松下幸之助先生进行透彻分析后做出的评价。其他四项是人们很容易看出的，唯有"思想家"这一项，如果不是对松下先生进行了深刻的分析与理解，是很难提出来的。

迄今为止，有很多关于松下幸之助先生的书刊出版，但几乎没有一本书是将松下先生作为"思想家"来认识的。这些书大体上都

---

① 锆石是一种人造石，它虽然在外表上与钻石很相似，但价格却比钻石低很多倍，因为其并没有钻石的硬度和该有的性质。

是将他作为“最卓越的产业人”，即“经营家”来看待并评论的。

实际上，与其说松下幸之助先生是经营家，不如说他是思想家、哲学家更为贴切。作为经营家，他是一位“最卓越的产业人”，其经营和经营观是以其生死观、人类观等思想和哲学为基础的。

松下先生的生死观和人类观源于何处呢？大概是亲人的死令他去思考死，思考生，思考何为活着、何为人类的。他的双亲与八个兄弟姐妹相继死于肺结核。在松下先生26岁之前，亲人们便纷纷离他而去。松下先生自己也在20岁的时候罹患了肺尖卡他（即肺结核初期病）。在那个“得了肺结核就意味着死亡”的时代，松下先生做好了死的准备。

十几岁正是多愁善感的年纪，年年目睹亲人故去，松下先生的心灵必定遭受了强大的冲击。他一定在心里思考过父亲的死、母亲的死、哥哥的死与姐姐的死，思考过生与死，思考过人类。

经过一番思考，为了填饱肚子，为了活下去，松下先生开始从商。松下先生一直苦苦思索的生死观和人类观必然对他后来的商业经营产生了极大的影响。松下幸之助先生在成为经营家之前，首先是一位哲学家。

很多人都感到在松下先生的经营中有一种“始终如一的东西”一直存在。那便是松下先生从思考中得来的人生哲学和人类观。什么是人类？什么是人类的本质？在人类观中感悟生死，这就是松下先生不同于其他卓越的经营家之处。聆听、阅读松下幸之助先生的经营之道，哪怕是一些平凡的话语也会让人有所感悟。听者与读者至今仍能从松下先生的一字一句、每一段话的深处感受到“某种共鸣”。

本书对《东洋经济》的线上连载进行了全面改写，尽可能突出并通俗易懂地描述贯穿松下幸之助先生经营与人生的人类观，并对我原来的一些观点重新做了归纳整理。

希望这本书能为众多读者提供参考。在本书出版之际，也向提出建议并予以协助的东洋经济新报社的东洋经济线上主编山田俊浩先生、出版局编辑一部部长冈田光司先生致以由衷的感谢。

平成二十八年（公元2016年）10月28日

江口克彦于香甲园

金秋十月追忆已故先师

目 录
CONTNETS

第一条　高涨的热情

第二条　渗透人心的感动

第三条　不懈的努力

第四条　培养众人之智

第五条　领悟的使命感

第六条　贯穿始终的人类观

第一条　高涨的热情

凡事都按我说的做，还要你做什么呢？

接到松下幸之助先生的指示，要我负责PHP研究所[①] 的经营是昭和五十一年（公元1976年）4月下旬的事。那一年的11月3日，研究所迎来了创立三十周年的纪念日。

PHP研究所的成立宗旨是启蒙国民，它以发行《PHP》杂志为主，从事“造福社会，造福人类”的活动。它的历任经营者似乎都认为《PHP》杂志的发行量达到100万册以上才是启蒙活动有成效的明证，为此，他们不断录用员工，在全国各地成立了7～8处营业所（分所），高峰时期有300名员工，销售额达5亿～9亿日元。不过，创立三十年来，它从未实现过经营上的盈余。

松下先生身边的一些人对这种经营状况看不下去了，有那么几十个人，一有机会便向他建议：“既然PHP的宗旨是造福社会、造福人类，就应该由财团法人来经营。”但每次等那些人走后，松下先生都对我说：“财团法人可不行。他们只会募集资金，然后用募集到的资金或靠资金运作去维持；资金不够了，就继续募集资金或

① PHP研究所由松下幸之助先生创立，介绍松下先生提倡的“通过繁荣实现和平与幸福（Peace and Happiness through Prosperity）”的理念。——译者注。

寻求其他的依赖。这样很难产生独立自主的精神，只会安于现状，也就永远都会产生赤字。我之所以将PHP研究所设立为株式会社，就是为了要认真做事。‘经营一家公司，非生即死’，这样的信念才能让公司得以发展。不能让PHP成为财团法人。”

由我负责经营后，PHP研究所依旧没有盈余，仍然在继续亏损。依赖心理在不断膨胀，照此下去，既无法造福社会，也无法造福人类。对于松下先生的上述话语，我却仅仅是随声附和。我忘记了松下先生“为了实现独立自主，所以把PHP办成株式会社”的教诲，汇报经营状况时，我的意见与历任经营者如出一辙，只不过前任们一个月做一次汇报，我却是一周报告一次。

这样大约过了两个月，6月下旬，我一如既往地向松下先生汇报工作。先生像平时一样说道：“嗯，这也是没办法的事啊。虽然是亏损，但你们这些年轻人已经尽力了。”“对不起，我们会努力的。”我机械地回答。但当我将目光移向下一页报告资料时，松下先生突然对我说：

“凡事都按我说的做，还要你做什么呢？”

这句话令我大吃一惊，甚至感到了一丝恐怖。

我恍然大悟。先生把持续亏损了30年的公司交给36岁的我来经营，并非让我照搬前辈们的做法，他在告诫我要按自己的思路去经营，不要按他说的去做，不要以安稳容易的想法看待经营，要做出超出他指示的成果，并把成果摆到他的面前。我瞬间理解了他的用意。

两个月后的期末，我不仅实现了5000万日元的年度盈余，还积极地扩大了事业，并确保了活动持续进行下去所需的利润。

当然，我也受到周围的人与前辈们的各种批判、中伤与妒忌。只有松下幸之助先生始终站在我这一边，多亏了他，我才能有所成就。我成功地开展了研究活动、研修活动、友之会活动、出版活动、海外活动等多种多样的活动。在负责经营PHP研究所的34年间，我将营业额从9亿日元扩大到250亿日元，并将利润大致维持在5%～8%，员工人数始终保持在300人，留存利润也从0积累到了80亿日元。

在松下幸之助先生离世前的20天，平成元年（公元1989年）4月上旬，我去向他汇报PHP综合研究所的经营与活动状况。当时的营业额还只有106亿日元，但松下先生一边听我的报告，一边含泪说道："没想到PHP会发展得如此壮大。"我把先生的这番话当作他留给员工们和我的最佳的赞赏与犒劳之词。至今回想起当时热泪盈眶的松下先生，我都不由得心头一暖。

当我听到如禅宗棒喝般的"凡事都按我说的做，还要你做什么呢？"这句话的瞬间，为什么我凭直觉意识到为了实现PHP活动的积极化、扩大化与永久化，要确保其利润呢？那是因为凭经验，我知道对松下幸之助先生的话不可囫囵吞枣，必须捕捉到其深层的真意。

闻风声亦有所悟

在松下幸之助先生身边工作的第二个冬天，一天早上，我与松下先生在他京都私邸的茶室里并肩而坐。屋外疾风劲吹，吹得庭院里的杉树嗖嗖地响。当时只有我们两人，我有些紧张。并未看向我的松下先生突然说道：

“你知道吗？有的人听见风声也会有所感悟。”

当时，我没能理解松下先生的意思，只应声道：“是吗？”

但从茶室出来后，松下先生的话却依然萦绕在我的心头。先生到底想对我说什么呢？接下来的两三天，这个念头一直没能从我的脑海里消散。在某个时候，我突然想出了答案。松下先生是希望我用心学习，带着问题意识聆听他的话语。是的，一定是这样的。如果一个人具有问题意识，哪怕听到风声也会有所感悟。瞬时，我心领神会。

“如果有倾听之耳，有欲听之心，即使听到的是再平常不过的风声，也能恍然大悟。而我与你交谈，你却无动于衷。要带着问题意识听我的话。”这些不正是松下先生想和我说的吗？我想大概就是如此。

例如，牛顿看到苹果从树上落下，从而发现了万有引力。在他之前，有数万人、数千万人，不，是不计其数的人都看到过苹果落下的现象。然而，只有牛顿悟到了这一宇宙真理。这可能正是因为牛顿有问题意识。大家都认为物体自上落下是司空见惯的现象，牛顿却思考："为什么会这样？"他具有探寻"为什么"的问题意识。

松下幸之助先生曾经向中小企业的经营者们讲述"水坝式经营"。松下先生认为，经营一家企业应该像在河边修建水坝来储存水一样，要"从容不迫"。松下先生言毕，在座的约400位经营者中有一位举起手来提问：

"您讲得虽然有道理，但却很难做到。怎样才能建起经营的大坝呢？怎么做才能实现水坝式经营呢？"

松下先生答道：

"最重要的，也是首要的一点是，想要从事水坝式经营。"

他的话引来一片笑声，人们纷纷议论："这算是什么答案啊？！"然而，在这些人中却有一个人受到了震动。他就是刚刚创立京瓷不久的稻盛和夫先生。那时，稻盛先生正为如何开展经营一筹莫展。后来，他回忆道：

"当时，我真的有所感悟。如果抱着让人传授一些模棱两可的简单方法的念头，是不可能做好经营的。重要的不是如何实现，而是自己首先‘要有预期，有思路，有强烈的愿望’。这很关键。松下先生说的就是这个意思。当我体会到这些时，我真的非常感动。”

400多位经营者们听到的都是相同的话语，但只有稻盛先生一人如是理解。稻盛先生具有那样的理解力，有问题意识，难怪后来京瓷能够发展壮大。

由于曾多次聆听松下先生这种如禅宗提问般的话语，所以当听到他说“凡事都按我说的做，还要你做什么呢”，我立刻领悟了“要做出超出松下先生指示的成果”。

松下幸之助先生将PHP综合研究所的经营交由我负责，我却毫无问题意识，沿袭前任的想法与做法开展经营，我想先生的内心一定非常愤怒和失望。他一定在想：你不明白我为什么要让你负责经营吗？为什么你要走老路？我不是期待你这样做才让你负责经营的。你要从根本上重新思考固有的做法，致力于新的经营。不要认为按我的指示处理一切就好，要做出超出我指示的成果。如果继续这样下去，你就是一位不称职的经营者。

松下幸之助先生想说的是这样一番话，说得重一点，就是“凡事都按我说的做，还要你做什么呢”。当时我是这样体会并解释松下先生这番话语的真意的。

你是否拥有满腔热忱？

松下幸之助先生常说，要获得成功，最重要的是拥有“热忱”。“热忱”是取得成功的第一步，也是至关重要的一个因素。

“在工作上、经营上什么最重要呢？是工作者、经营者的热忱。首先要看一个人是否有高涨的热情、热忱。如果拥有满腔热忱，就会涌出成功的智慧。”

我们很难将松下先生的成功归因于某一点。但如果一定要列举出一个原因的话，那就如松下先生自己所说的，是其对经营、对人生的“高涨的热忱”。

很难想象一个连小学都没怎么上过，既无知识又无文化的人会有多少才能，他靠的无非是拼命投入到每天的工作中，拼命投入到人生中。松下先生拥有的只是这些。大概正是因为一无所有，他才会每天都以“高涨的热忱”努力奋斗。结果，作为经营家，他取得了连自己都难以置信的成功。

松下先生将“热忱”列为成功的第一个条件，不正是他自身的真实感受吗？没有文化，没有知识，这样一个柔弱的人能取得成功，“热忱”是最恰当的理由了。

这也带给很多人勇气与希望。无论多么才华横溢、学识渊博，缺乏热忱，就如同纸上画饼一般。“热忱是通向成功的入口”。资质平平的人也罢，没有学历也罢，只要有“满腔热忱”，任何人都能够站在“成功的入口”。

“例如，虽然不懂销售方法，但却想方设法要把生意做好。有了这种拼搏的想法与热情，自然就会萌生出智慧，找到诀窍，发现成功之道。如果真想开发新商品，就会谦虚地求教于人，恳请指导，虚心聆听赐教，想出最佳的方法。总之，是否充满热情是能否成功的分水岭。”

据说，业绩最好与最差的保险推销员，签约金额能相差100倍以上。同一个公司，同样的商品，差别如此之大，根本原因还是在于其对工作的热情不同。热爱工作的人勤于钻研，会考虑各种行之有效的方法，例如“这样做会怎样？”“下次尝试以这样的方式和客户交流”。他们在说明一件事的时候自然而然地激发出热忱，充满了魄力，善于运用自己的知识，为客户着想。

“我没有什么文化，身体也比较柔弱。这样看来，我比一般人要逊色。我这样一个人却能领导众人，并在经营上获得成功，就是因为有热忱。我时刻铭记，在公司经营这件事上，身为社长，我必须比员工更有热忱。这对我而言是最重要的。”

一个人即使欠缺知识和才华，只要有强烈的热忱，很多人看到后都会慷慨相助。“那个人热情洋溢，同样的东西我就从他那里买吧。”“那个热忱的人似乎没有注意到，我去告诉他吧。”……无形中会得到很多帮助。“热情”“热忱”的特质吸引着周围的人，推动着情势的发展，创意、智慧也随之而生。

例如，如果有想方设法都要爬上二楼的热忱，就会想到使用梯子；但如果只是想往上爬，是想不到用梯子的。“无论如何都要向上爬，上到二楼是自己唯一的目的。”只有具备如此“高涨的热忱”，才会想到使用梯子。

无论多有才华，如果不是强烈地想要上到二楼，也是想不到用梯子的；只有拥有一定要登上去的热忱，才会不断地冒出该如何做的念头，才华和知识才能得到充分的施展。

最新的研究表明，人在一生中大脑只用了不到10%。如果真是这样的话，只有靠松下先生所言的“热忱”，方能激发出无限的潜能。所以，如果没有达到预期的结果，就需要扪心自问：自己是否真的有热情，有“高涨的热忱”？

自己果真满腔热忱吗？可以说成功与失败的分歧点亦在于此。如果有“高涨的热忱”，想事业有成，想获得人生的成功，就能自然而然地找到成功的智慧、成功之路。每次看到松下先生，我都会产生这样的感受。

“记住，世上没人能阻挡你的成功。你做不到，与其说是外界原因，不如说是你自身的原因。不要埋怨外界，要从自己身上找原因。”

可以说，松下先生并不太看重才能。他起用人才时的判断基准不是才能，而是一个人有无“热情”，有无“高涨的热忱”“执着的热忱”。他认为才能这种东西，大家并无太大的差距。

“起用一个人的时候，才能有60分即可。只要有热忱，能力是可以无限扩展的。但如果只有才能，没有热情，起用这样的人是无济于事的。一个有热情的人势必成功，必定事业有成，人生有成。但拥有平庸的热情是不够的，必须具备为了让事业取得发展、获得成功而投入全部身心的满腔热忱。”

兴趣是最好的老师

自己拥有热情，但这种热情是否是能够不断持有的正能量呢？或者怎样才能保持其不间断呢？通向成功的路上劳苦颇多，也许还要花费不少时间，因此需要保持坚持做一件事的原动力。那么，如何才能保持呢？其实答案并没有什么特别的，甚至平常得令人难以置信。简而言之，就是“打心眼里喜欢自己的工作”。

因为是工作，所以不得不做；因为收到了命令，所以不得已而为之。抱着这样的态度，是绝对不会成功的。

可能旁人认为我们的工作“艰辛、不易”；可能我们会遇到挫折，为工作操心，夜不能寐；也可能会有朋友对我们说：“你怎么做得这么艰苦？不要紧吗？”但无论周围的人作何感想，只要投身工作的人一点都不觉得辛苦，想到工作，便开心得不得了，就能继续下去。对于最终获取成功来说，这才是关键。

我们以艺术家为例来看。一个喜欢绘画的人才有可能成为画家；不喜欢的人，无论多有才华，再怎么学习，也无法提高。但是，喜欢绘画的人中也只有极少数才能成为杰出的画家；那些不喜欢的人，可能性就更加渺茫。再来看演员。一个演员，哪怕扮演的是反面角色或小角色，如果不能投入到角色当中，就不可能成功地塑造形象。这些都是一个道理。

“要想事业有成，必须喜欢所从事的工作。在工作中会用到很多知识。如果喜欢一项工作，就能不断地从中吸取知识，旁人也会为我们提供各种便利。但如果不喜欢，就算有宝贝掉在自己的眼前，也会视而不见，因为根本注意不到。一个想要成功的人，即使是他人丢弃之物，亦会视为珍宝，将其捡起。”

大汉帝国建立近二百年时，朝政混乱，最终灭亡，国内再次呈群雄割据之势。众所周知，是光武帝迅速平息了混乱，重振了汉王朝。

光武帝不但军事才华出众，其“以柔克刚”的治理内政之道也非常值得一提。他从早到晚忙于政务，常常与大臣们研究讨论至深更半夜。皇太子担忧其健康，向他进谏要注意休息。光武帝答道：“我以做这些事为乐，所以不觉得疲劳。”

“兴趣是最好的老师。”这句谚语正巧妙地说明了这个道理。无论是音乐家还是运动员，如果对音乐不感兴趣，对运动不感兴趣，是无法成为一流的音乐家和运动选手的。

同样，若想在工作上成为一流的人才，必须喜欢所从事的工作，或培养起对工作的兴趣。一个人如果能够发现并享受工作的乐趣，那他一定会成长为一流的人才，在工作上取得成功。然而，我们也可能会因不喜欢自己所从事的工作，却不得不做而产生烦恼。或许比起所从事的工作恰好是自己喜欢的，从事的工作自己并不喜欢，这种情况更为常见。

以我个人的经验而言，“想做的工作”与“适合的工作”往往并不一致。并非自己喜欢的工作，有时却意外地对自己很合适。所以，当遇到不喜欢自己的工作的情况，先不要急着放任或逃避，而是以这项工作适合自己的心态投身其中。把它当作自己的天职，当成是目前对自身而言最适合的工作，先干上三年再看。把工作当成是自己喜欢的、适合的来做，一定会有所收获。

卓有成效之后，会出现一种不可思议的现象，即会有人来“挖”你。公司内外、友人，甚至是意想不到的地方频频向你抛来橄榄枝，“你要不要来试试这项工作？”“请你来我们公司，做你该做的工作吧。”你一直想做的工作就这样找上门来。上天是不会埋没人才的，社会本身似乎具有这样的“发现力”。

有一次，松下先生笑着对我说：“让我教你一个将来登上要职宝座的方法吧。”这话松下先生在其他场合也曾经说起过，但我起初听了有些丈二和尚摸不着头脑。

“入职第一天，从公司回到家，如何向家人汇报呢？到家以后，你会向父母描述一天的经历吧。今天参加了入职仪式，参观了公司，有很多见闻，感觉这是一个非常好的公

司，想要在这里大干一番事业。能否说出这样一番话，是迈向要职的第一个关口。而且，见到亲朋好友时也会如是说。这样一来，就会让家人和朋友产生对公司的良好印象。口碑相传，人们对公司的评价就会提高：'这么好的一个公司，它生产、销售的产品也一定错不了，我们就买这家公司的产品吧，就从这家店铺购买吧。'于是店铺生意兴隆，公司得以发展。这种发展与繁荣使店铺、公司壮大，要职的职位需求就会扩大。当然，你身处要职的概率也会提高。"

确实有道理。但虽然我们对此点头称是，实际上还是有很多人不满、抱怨，不去做这么简单的一件事。当然，无论是什么样的公司与店铺都不会尽善尽美，都需要不断地改善与变革。但这些只限于在公司内部讲，在公司内部直接向上进言。一旦走出公司，便应该说对公司、店铺的赞美之词，说公司、店铺的好话。

这是松下先生的本意。可以有批判，但如果不分时间、场合、地点地批判，就有可能自己毁掉自己的踏脚石。公司、店铺缩小，要职的职位就会不断减少，公司甚至可能破产。而一个能够始终坚持在外以上面的言论评价自己所在公司、店铺的人，无论在哪家公司工作都会受到瞩目。这样的人最终会被提拔为部长等要职，即便不刻意追求，也能登上要职的宝座。

松下先生并不是说不能对公司进行批判或提出建议。他的意思是如果有话要说，有建议要提，就在公司内部畅所欲言；到了外面，则要说公司、店铺的好话。松下先生传授的"登上要职宝座的方法”长期以来我一直牢记于心。

其实这也可以用在对学校的描述上。常有学生开玩笑地说：“我上的大学不怎么样。”“我那所学校是三流的。”优秀的高中生闻听此言，还会去那所大学吗？他们一定会想：“我不去那样的地方。”“我不想进那样的学校。”于是，不再有优秀的学生报考那所学校，从而形成一种恶性循环：人们对学校的评价每况愈下，招来的都是成绩不好的差生。

这对公司、店铺、学校来说都是一样的，这就是社会。职员、学生的一句赞美之词就可以提升自己所在公司或学校的地位，职员还有可能无限地靠近要职。松下先生“登上要职宝座的方法”类似于“蝴蝶效应”的应用，绝不是毫无道理的。

在此，我还想提及一点。最近，没有梦想的年轻人越来越多，他们不知道自己喜欢什么，也不知道该做些什么。某位评论家指出，“现在的年轻人处于无理想、无欲望、无干劲的‘三无’时代”。我觉得他的分析很中肯。但是，找不到喜欢的东西，岂不是他们只考虑自身，只考虑自己周围一小片天地的缘故吗？也许是因为在当今社会，SNS（社交网络服务）、电视游戏等创造了一个小世界，个人的心理被封闭在“瓮”中，终日如此度日。

但人类是靠与他人的关系维系生存的，只考虑自己的人不会有梦想，也不会有什么喜好。我们期望现在的年轻人能开阔视野，提升眼界，思考社会和世界，日本没有的东西，放眼美国、欧洲、亚洲去思考。这样就会找到自己想做的事，拥有让自己心动的梦想。

在整个地球范围内进行思考，思考自己在国际社会中所处的位置，就能在视觉和心理上捕捉到一些东西，找到理想、目标与生存的意义。为了找到梦想，不以自我为中心，而以社会为中心去思考，以世间为中心、以世界为中心去思考，有的时候还需要以宇宙为中心去思考。最终就能知道自己的理想是什么，知道自己想做什么，或者自然而然地感受到什么是自己要做的事。

第二条　渗透人心的感动

我想听到你的声音

在与松下幸之助先生共事的二十三年，尤其是中间的那十五年间，我每年的休息日只有20天左右。一个月只休息两天，有时连续4个月都顾不上休息，常常没有周六、周日与节假日。

除夕夜，我大都是在西宫的家中工作到十点左右。我向先生寒暄：“感谢您这一年对我的关照，明年也请您多多关照。”先生说：“这一年你辛苦了，明天就别来了。”然而，初一和初二休息了两天，到了初三先生就会召见我。当晚，边吃年饭边闲谈成了我们的习惯。

当时很多人都对我说：“你可真不容易啊。”就是现在，当我讲述“我是那样度过每一天的”，也会有很多人惊讶地说：“真了不得，太不容易了！”然而，当时的我却从未感觉到辛劳和艰苦。岂止于此，回顾过去，那真的是快乐无比的二十三年啊！因为和松下先生一起工作总是接二连三地带给我感动与喜悦。

松下先生经常给我打电话，不分早晨还是中午，有时一天能打八次，我也会打电话回复他，所以加在一起，我们一天能通话十二三次。可以说，从早上离家到深夜，一整天我们都在通话。我们几乎每日都见面交谈，电话却依旧打个不停，周六、周日也不例外。平日，我一般是在傍晚六点半或七点被他的电话叫走，向他做汇报，听他指示，之后便是各种闲聊。

每月他会有几次在深夜一点半或两点打来电话。也有时候在早上四五点钟来电："请你现在就过来。"搞得我手忙脚乱。还不到电车的发车时间，我只好等候乘始发车前往。记得在隆冬时节寒冷的清晨，我在站台冻得瑟瑟发抖，但却从未对松下先生有过不满与怨恨，因为我从松下先生的来电中体味到了喜悦与感激。

我大体上是在晚上十点、十一点，有时甚至是零点以后被松下先生叫走，一个小时之后才回家，回到家就倒在床上呼呼大睡。但没过多久，松下先生在凌晨一点半或两点又打来电话，正是我刚入睡时。电话一响，我就知道是松下先生打来的，因为除了松下先生，没人会在深更半夜打来电话。

我不想自己在接电话时迷迷糊糊地，前言不搭后语，所以在抓起听筒这短暂的5秒、10秒时间，在一片黑暗中，我拼命地让意识清醒。说得夸张一些，是"和自己做一番格斗"。我必须在几秒钟内让自己恢复意识。房间里黑着灯，我在黑暗中拿起听筒，电话中传来松下先生的声音：

"江口君吗？是我呀。对不起这么晚打电话给你。但我想听到你的声音。听到你的声音，我才能打起精神。"

夜深人静，一片黑暗。听到他的声音，我却瞬间感到了光明，温馨的感动涌上心头，融入静寂的深夜中。虽然在那句"我想听到你的声音"之后，我听到的常常是苛刻的话，但已经被打动的我总是想，我决不辜负松下先生的期待，无论什么我都要做到。

如果能将感动带给他人，他人定会为你而动，会有许多人聚集到你的周围，协助你取得成功，顾客也会购买你的商品。

如果你是一个上司，你让部下感动的话，部下会坚定地追随你，在你的手下成长。因为部下想要成为和你一样的上司，成为像你一样的人。反过来说，不能令人感动的上司、经营者根本不具备做上司、经营者的资格，他不可能培养好部下。

记住，做到让人感动，证明你已经无限靠近了成功的入口。

我在演讲中介绍松下先生给我打电话的事时，有的听众觉得学到了一个妙招，可以对部下说“我想听到你的声音”。但一两次可以，不宜多次使用。只有从根本上理解松下先生的人类观，理解其对人类的见解与看法，才能像先生一样运用自如。

松下幸之助先生的人类观、对人类的看法与想法将在本书的最后予以详述。在此简单说一下，即认为“任何人都是伟大的存在”，“所有的人都是顺应宇宙的运动，拥有支配万物之力的王者”。你是王者，是伟大的存在；他和她也是王者，是伟大的存在；部下、孩子，甚至婴儿也是王者，是伟大的存在。

对于这样的人类观，松下先生凭自己的“身体”来认识，注入血肉，贯彻始终，树立起独特的人格。这些话他不只是挂在嘴边，其举止也不仅仅是修饰，正因为是“真金之言”“真金之举”，才会令大多数人心生“真挚的感动”。

如果你具备松下先生这样的“人类观”，“想听到你的声音”这样的话自然会脱口而出。否则，你运用此语的次数就会受到限制。

博取众长

松下幸之助先生常常向人发问。确实，倾听他人，能够很自然地从中得到启发。尤其是在今天这个需要收集大量信息做一项工作、干一番事业的时代，倾听多数人的心声可以说是极其重要的。

在松下先生身边工作了两三年后的一个夏天，我在松下先生位于京都的私邸与他聊天。这时，空调事业部的一位25岁上下的年轻技术员来检修空调。他大概做梦也不曾想到松下先生会在房间里，进入房间的瞬间，他一下子僵住了。松下先生和善地招呼道："不要紧，你检修你的。"但青年人仍然紧张得双手直抖，改锥怎么也插不进螺钉的沟槽里。

松下先生开始向青年发问："近来，你们工厂都生产什么样的产品？""你叫什么名字？""你的家乡在哪里？""你们事业部有多少人？""工作好干吗？""你一定很辛苦吧。累不累？"青年停下手中的活，正欲作答。松下先生忙说："没事，没事，你可以边干边说。"于是，青年一边干活，一边简短地做了回答。

松下先生并未因对方是个年轻人就随便听听、敷衍了事。大概过了一个月，有一天，空调事业部的部长来汇报工作。大约30

分钟后，松下先生说："明白了。你辛苦了。"接着他话锋一转，"嗯……你们工厂的生产线情况如何啊？或许可以对工厂的环境做一些改变。可以在这方面多注意一些……"

事业部长一惊，他搞不懂为什么自己只字未提的事，松下先生却能一语道破。他立即答道："明白了，我马上解决。"后来，当我把事业部长送到门口时，他仍在纳闷这到底是怎么一回事。他觉得："松下幸之助先生简直就是神仙，自己还什么都没说，他却料事如神。"

我深知松下先生的提问、建议有一部分是参考了那位年轻人的话，我在心里暗喜，原来成为一个神仙是如此简单啊。

跟随松下先生多年，我有一个感悟，我发现凡是被松下先生提问过的人都对先生怀有好感。敞开心扉地询问远比嚣张地炫耀知识更令人仰慕，受人尊敬。而且，摆出一副想要倾听的姿态，自然会有信息源源不断地送上门来。亲自跑前跑后收集信息固然重要，但如果信息能自己送上门来，岂不是更好？松下先生在任何时候都以肯定的态度倾听他人所言。"这个意见不错。""这个很有意思。""你的话太值得参考了。"他总是赞美他人，毫不吝惜。

有一位青年，在阅读了松下先生的著作《我的梦想·日本的梦想——21世纪的日本》之后，感动不已，写了一篇感想，想告诉松下先生日本会何去何从。

我觉得这个青年很有意思，于是将此事报告给松下先生，并安排他们会面。我常常安排一些有志之士与松下先生私下见面，这位青年便是其中之一。当时，他一腔热情，淌着满头大汗说日本照此下去势必衰败。在年长的松下先生看来，因为年轻气盛，青年的言谈难免存在过激之处，也会有讲得不到或偏离焦点的地方。

尽管如此，松下先生仍然耐心地听他讲述，并不停地夸奖：“你还年轻，要努力啊。”“只要有你这样的年轻人在，日本就不要紧。”“年轻人要是都像你一样就好了。”年轻人最终感激而归。

我记得很多访客都曾遭遇过松下先生的问题攻势。我经常看到有些人本来是想向松下先生提问的，但还没等看准时机抛出问题，反被松下先生抢先质问，自己成了进行解释说明的角色。

有的人见面后向松下先生寒暄道：“我是从事这一行的。”先生边点头边展开提问攻势：“具体是什么样的工作呢？”“怎么样做呢？”“赚钱吗？”被提问者常常忙着作答，转眼便过了预定的时间。然而，不可思议的是，这些访客们都满意而归，他们觉得“先生的提问中蕴藏着宝贵的经营暗示”“非常受教”。

从本质上讲，人们似乎都喜欢向他人说教、讲解。人们为向他人询问或承认自己无知而感到自卑，而在多数情况下，却对他人向自己请教感到满心欢喜，会不厌其烦地一一作答，甚是愉悦。“人有一张嘴，却有两只耳朵。”这个谚语告诫我们要多倾听。“我不明白，希望您指教。”“我想听听您对此事的意见。”“请您告诉我这个信息。”像这样坦率地提问，更能体悟到人情的细微之处。正因如此，虽然访客们希望得到松下先生的赐教，想向他请教，却反而被松下先生提问，向松下先生提供了信息，但他们仍然获得了极大的满足感，欢喜而归。

我们要了解这样一个真相：向人询问是一件令人仰慕之事。在人们千变万化的复杂的内心活动中，也存在一些相通的一般性原则，如受到他人赞美而欣喜不已，期待得到他人的认可，为自己有用武之地感到开心。

松下先生把向众人询问称为“博取众长”。

“一个人必须博取众长。有的社长对初出茅庐的新人也会洗耳恭听，而有的社长却对新手不闻不问。身为社长，必须学会倾听。否则一个公司无论发展到什么程度，终究还是会倒闭。聪明绝顶的人，其个人智慧也是有限的。凭借有限的智慧不可能生存下去，不可能让经营、生意持续下去。”

真是个好人啊！——以“坦诚之心”对待批判

虽然很多人对松下幸之助先生持有好感，但也并非所有人都如此。一百个人中总会有一两个人是批判他的，还有的评论家以批判松下先生为乐趣。但无论那些人如何不近情理，松下先生也很少辩解、反驳或与其争论。不仅如此，他甚至主动邀请那些批判他的人，向他们询问自己是否还有其他应该批判的地方。

例如，一位身为新闻记者的前辈，自松下先生年过八旬起就不停地四处散布先生年事已高，应该从管理经营的领导岗位上退下来。这话不久就传到了松下先生的耳中。松下先生问我：“你是怎么想的？”我答道：“有个词叫作‘老害’，是说人上了年纪一般会变得较为固执，往往对新事物表现迟钝，精力与体力皆衰退。不过这也因人而异。有的人虽然上了年纪却仍然精力充沛，推陈出新，不停地四处奔忙。反之，年轻人难道就一定年轻吗？绝非如此。有的年轻人既无气力，也无欲望。世上的人形形色色，所以，所谓‘老害’并非指肉体，而是指精神方面不再年轻。没有气力与欲望的人，即使是青年，也是‘老害’。”这个观点正与松下先生平时的想法不谋而合。“我认为您没必要引退。”我接着补充道。

当时，松下先生边听我说，边时不时地点点头，“嗯，嗯”地附和。但几天后，他便与那位记者取得联系，约定了会面时间。当时我并未在场，后来，我问在场的人松下先生是如何反驳，如何说明的。他们告诉我，松下先生只是笑着听对方的一面之词——“松下先生，您应该引退。”

闻听此言，我很惊诧，松下先生为什么不进行解释呢？为什么不加以反驳呢？但仔细想想，对于其他批判者，松下先生也几乎从不找借口为自己辩解，所以在那次事件中，他与平时并无两样。

在我的记忆中，还有另外一件事。大德寺有一位名叫立花大龟的长老。他比松下先生小五岁，和先生相识甚久。这位长老也认为松下先生从事PHP活动是乱弹琴，他批判说生意人只要把生意做好就够了。从松下先生辞去松下电器的社长一职，宣布“今后我要专注于PHP研究所的活动”时起，他的批判变得越发激烈。除了批判之辞，他还说了很多夸大其词的话。我听后甚感为难，于是向松下先生说起了长老的事。松下先生安静地听我说完，吩咐道：“你和大龟先生联络一下，我想请他一起吃顿饭。”

那日，我在京都松下先生的私邸门前恭候长老。长老从车上下来，他身着黄布衣，表情严肃，迈着大步上前。松下先生在门口恭迎长老，将其引至客厅。突然，长老拍着松下先生的脊背，大声说道：“你的姿势总是这么不端正！就不能把背挺直了吗？”长老突如其来的举动着实把我吓了一跳，我暗想不要紧吧，朝松下先生瞟了一眼。只见松下先生一边笑着说：“是吗？是这样挺直吗？”一边将后背挺得笔直。

刚落座，还没等上菜，长老便开始了对松下先生的说教：“你就是个生意人，瞎折腾什么！”他生硬地打开了话匣子。菜上来后，他一边吃一边继续说，有的话重复了好多次，说到后面都像是在骂人了。我夹在他们两人中间，坐立不安。松下先生却只是听着，不时回应道：“是吗？是吗？”“这也可以考虑一下。”大约过了一个小时，饭吃完了，长老的话也止住了。然而，接下来松下先生的一番话让我不禁怀疑起自己的耳朵。他说：

“我不是个聪明人，长老您批评得是，让我受益匪浅。……如果我还有什么问题，您可一定要告诉我。”

这下连长老也困惑了，于是他又做了些微补充，最后说：“好了，好了，我说得够多了，你也该仔细想想了。”两个人的谈话就此结束了。松下先生将长老送至门口，再由我将长老送到前面的那道门前。路上，长老突然说了句令我深感意外的话：“刚才我一直在琢磨，PHP的工作或许挺有意思的。”我忍不住扭头看了长老一眼，他脸上的表情已不是刚到来时那么严肃，变得平和了许多。

后来，那位记者前辈与立花大龟长老都不再批判松下幸之助先生，尤其是长老，转而“吟唱起松下幸之助赞歌”。

松下先生深知，对批判进行申辩，只会招致新的批判。批判者从一开始就下定决心要进行批判，所以，再恳切、再郑重的申辩，他们也听不进去。众所周知，就算有苏格拉底之力量，也无法说服梅勒图斯、阿尼图斯、吕康等告密者。越是解释说明和争辩，对方的批判就会越激烈。世事就是如此。

因此，松下先生对批判不屑争辩。不仅如此，他还尽量把批判者叫来，让他们批判自己，不但不反驳，甚至要求对方“再多说几句”“再多指教一些”，他总是耐心地听着，直到对方“无话可说”。

让我们再深入思考一下，为什么松下先生能以这样的态度对待批判者呢？站在松下先生常说的“坦诚之心”的立场上看，对批判的解释和争辩意味着被批判束缚。无论何事，即使在充分考虑的基础上去做，也不可能做得百分之百地正确。抱着不被束缚的心态、坦诚的心态接受，岂不才能“视批判为宝贵的意见，更积极地去行动”？有了这种想法，对待批判的态度就会变得积极，才能将批判当作建议，坦诚地侧耳倾听，而不会感情用事。

很多时候，听到那些批判之辞，我都忍不住想对对方说：“你说的与事实相违，你误会了松下先生。你对事实毫不知情，却如此大言不惭。”但松下先生却对批判坦率地接受，“确实如此，确实如此”。很少有人像他那样重视批判自己的人。松下先生不仅倾听对方的批判，而且无论对方说了什么，在对方离开后，他都会无一例外地赞美对方：

“真是个好人啊。”“别看年轻，却是个稳重的人呢。”“我受益匪浅，能有更多像这样的人就好了。”“真了不起，是个优秀的人啊。”

不仅赞美对方，也感谢对方：“难得听到这么好的意见，那个人说得太对了。”这并不是挂在嘴边、随便说说的话，而是发自内心的感激。

先生能这样说，正是他以坦诚之心倾听他人批判的明证。我至今仍清晰地记得，在我将松下先生的批判者送至门口的过程中，几乎每个批判者都会赞叹："松下先生果然伟大！"我目睹过许多措辞激烈的批判者在与松下先生接触后被深深地打动，从而转变为先生的支持者。

是你的话，会掏多少钱买？

很少有人能像松下幸之助先生一样让人感动。我为什么无法令人感动呢？是因为赞美的力度不够，是因为热情不足，或者因为自己的地位不够高吗？

松下先生常说："赞美时要从对方的本质予以评价。完全忽视一个人的本质的评价，不是发自内心的赞美，算不得赞美。停留在口头上的赞美，不能称之为赞美。"打心里看不起一个人，只挂在口头的赞美，绝不是赞美。人的心理活动总是被他人敏锐地感知到，谎言会被一眼识破。

松下先生善于观察一个人的本质，他总是认为他人比自己优秀，比自己更具实力。这是一种"无声的赞美"。在这种信念、想法的基础上，发出"有声的赞美"。

每个人的能力都很强大。即便是看上去其貌不扬的人，也有着非凡的实力。看不到他人的实力，是因为自己对人对事的看法与待人接物的方式不正确。我们需要看到他人的能力，需要意识到自己无法看穿他人。"真了不起啊！那个人具有自己没有的能力。""那是一位有实力的人。""那个人的身上揣着'钻石'。"无论他还是她，其身上都有自己没有的"钻石"。无论是对部下、新职员，还是对孩子或其他人，发现他人身上的“钻石”，比自己拥有“钻石”更加重要。具备发现“钻石”的能力，才是问题的关键。

然而，我们却很难做到这一点。因为缺少发现对方“钻石”的能力，所以只是将赞美停留在口头，也因此，人们才不会被我们感动。这是当然的。找不到对方的“钻石”，没有从本质上进行赞美，仅仅在嘴边、在形式上进行赞美，是不可能触动对方，让对方感动的。

松下先生的可敬之处在于，他不仅对有头衔的人、有名望的人尊重，对自己的部下，乃至初入职场的员工，他也全都一视同仁，发自内心地评价，郑重礼貌地与其相处。

我刚开始在松下先生身边工作时，电视事业部的部长与董事带着电视的试制品来拜访他。包括技术员在内，一共来了6个人。负责技术的部长紧张地介绍了这项新产品如何优秀，与之前的产品如何不同，画面是何等地清晰。他刚言毕，董事便自豪地对松下先生说：“不错吧？我对这台机器也信心十足呢。”松下先生答道：“是啊，确实不错。”他站起身，一边用手抚摸着这台试制品，一边看着机身背面，问事业部长：“这个，卖多少钱呢？”董事忙接过话：“18万日元。”“定价18万日元吗？在商场里要卖18万日元啊。”松下先生有些诧异。这时，总务部的女职员前来上茶。松下先生就问那位女职员：“你觉得这台电视机怎么样？外形、颜色如何？”“你来调个频道试试。”在昭和四十年代（20世纪60年代）初期，电视频道还需要转动旋钮调换。我当时对松下先生向一个普通职员征求意见和想法感到吃惊。研究试制品是件大事，专业的技术员刚刚进行了说明，先生却向一个端茶倒水的女职员征求意见。

女职员回答后，松下先生继续发问："你觉得不错吗？要是在街头的电器商店看到，卖多少钱你会买呢？"这话令我吃了一惊，被问到的女职员也有些不知所措。该怎么回答呢？对外形、颜色、频道这些可以回答："我觉得不错。"但对"多少钱会买"可就无法再这样回答了。见她面露难色，松下先生亲切地说道："不要紧，你怎么想，就怎么说。"她小声答道："12万日元吧。""是吗？12万日元的话，你会买啊。谢谢你的回答。"女职员仿佛心里有一块石头落地，她走出了房间。

松下先生转向董事说道："听到了吗？你们努力开发制作出这么好的新产品，打算以18万日元的价格销售。我也觉得这台电视机不错，但问题是价格。你们觉得用了这么多零件，耗费了这么长时间，所以提出18万日元的价格，但这只是你们计算出的售价。就算这是合理的，你们也不可能到全国所有的店铺逐一进行定价说明啊。这些电视会被一声不响地置于各个店铺，顾客们看到18万日元，会觉得太贵了，买不起。你听到刚才那位女职员的话了吗？她说12万日元的话会买。如果定价是12万日元，就算你们不守在电视机旁说明，消费者也会购买。你们再重新想想，能不能按照这样的性能和外形做成售价12万日元的产品？"

购买电视的既不是技术人员，也不是销售人员，而是一些极其普通的人。如此看来，坦诚地向一位普通的女职员征求意见是再恰当不过的了。虽然看似平常，但并非所有的经营者都能做到这些最自然不过的事。松下先生询问、倾听，并且赞美、感谢那位女职员。紧张的女职员走后，一定对先生万分感激吧。

松下先生就是这样，不论对方的资历、权威、威严性如何，该问就问，该找就找。他就是这么一个单纯地询问他人意见之人，是一个能够自然而然地做到这一点的人。

发自心底地赞美地位比自己低微的人并非易事。松下先生常说："称赞部下时要发自内心地赞美。"赞美他人会让人感动，但如果只是在口头上赞扬部下，部下逐渐地就会认为上司总是停留在口头，并非真的认可自己。最初可能不会怎样，但很快，部下就不会再为此感到欣喜，对上司也变得不再信任，甚至会反抗上司。这种赞美就起到了一种相反的效果。

赞美的根基是如何看待人的本质，如何评价人。在这里，我再重申一下，如果没有正确的人类观，不以人类的绝对价值为前提进行赞美，那便"不是赞美"。拥有人类观是一件非常重要的事。关于人类观和松下先生的人类观，其后也将多次重复阐述。

希望各位读者能始终铭记：无限评价人类本质的人类观就是松下幸之助先生的人类观。如果能完全领会"松下幸之助先生的人类观"，其他的能力便会在不知不觉中具备；而如果轻视这些，就算掌握了高超的技巧，也很难走向成功之路。毫无疑问，松下先生的赞美是松下先生人类观的明证。

身体不适与客人无关

松下幸之助先生是位诚实、认真的人，在任何事上都感觉不到他有丝毫的懈怠。松下先生本来身体就很弱，稍微有点着凉，便容易感冒。有一天，他的体温达到了36.4度，与35.8度的正常体温相比有些低烧。在旁人看来，他似乎非常地难受。而此时，他碰巧和一位重要的客户有约，不得不出面接待。

松下先生一般都比约定的时间提早一个小时到达，指示当天如何招待客人。那天，他仍然提前一个小时到来，开始下达指示。但是，他的身体不舒服，心情也不是很好。我见他难受，便劝他道："不要紧吗？要不您回去吧。我会和客人解释的，您就回去好好休息吧。"但松下先生脸一沉，说："不行，现在联络对方，对方也已经出门了。"

正说着，客人如约而至。接到"客人驾到"的通报，松下先生的精神瞬间一振，说："我要出去迎接。"和刚才那个"发着烧，难受不已"的松下先生简直判若两人。他笑容满面地将客人迎进来，与客人交谈。"我们到院子里走走吧。"他带领客人来到院子里，为客人当起了向导。然后又带客人到茶室品尝抹茶，接着再返回沙龙继续说笑。对客人的招待差不多持续了一个半小时。

这期间，松下先生一如平常地微笑着与客人交谈。客人告辞时，松下先生也像平时一样送别客人。但是客人乘坐的车刚从视线中消失，他就像泄了气的皮球一般。“真难受啊，我要回去了。”说了这句话，他便离开了。

事后，先生说：“和客人已经约好了，就必须让客人心满意足。我身体不适和对方没有任何关系。”

他告诉我，自己先提出约见的请求，对方才会来；既然对方来了，就不能敷衍对方。

我还回想起一个插曲。当时，京都大学有一位叫会田雄次的名师。这位老师敢于发表政论，很多人对其著作、评论非常感兴趣，对他颇为关注。他很少夸奖他人，而且有时还以讽刺的手法对他人进行评论。虽然松下幸之助先生和他是旧知，但他对先生也从不使用外交辞令般的说话方式，总是直截了当地提出自己的主张。松下先生非常中意这位会田老师，偶尔和他会面，总是向他征求意见，请他赐教。

有一次，松下先生要去东京，站在京都车站新干线的站台候车，碰巧会田先生也出现在那里。他们相互打过招呼，便站在那儿聊了起来。“老师，您这是去哪里啊？”“我应邀到名古屋去演讲。”这时，新干线到站了。他们乘坐的是同一车次的不同车厢。“那么，我告辞了。”会田老师进了另外的车厢。

到了名古屋车站，老师下了车，朝站台出口的楼梯走去。他发现松下先生也在站台上。“咦？难道松下先生也是去名古屋？”他边想边走上前招呼道：“松下先生，您也是去名古屋吗？”“不，我去东京。听说您在名古屋下车，我想和您道个别，所以就下来了。”松下先生的真诚让会田老师“甘拜下风”，他在自己的著作中写道：“松下幸之助先生的真诚令我折服。”

我需心存感谢，知恩图报

“你用不着给我这么多，我什么都没做。是你们齐心协力取得的成果，却给我发津贴，太难能可贵了。”

松下幸之助先生每月从PHP综合研究所领取一笔微不足道的薪水。这点薪水在当时来看极其微薄，但先生却总是双手抚摸着我递给他的工资袋，满脸愧疚地如是说。

当然，他并非“什么都没做”。他认真地听我汇报，常常下达一些细微的指示，对我悉心指导。我在他的指示、指导下，从事PHP综合研究所的经营。如果没有松下先生所著的畅销书，我后来的出版活动不可能一帆风顺。如果离开了松下先生的精确指示与建议，我不可能找到发展的启示和扩大经营的前进方向。因为如果没有松下先生恰如其分的忠告与叱责，我是无法满怀信心地投入到经营中的。

资金也是由松下先生全额出资的，所以松下先生完全没必要觉得愧疚。每次看到松下先生客气地收下薄薄的工资袋，我都感到万分抱歉，我在心里暗自发誓一定要把经营搞好，给予先生更加丰厚的回馈。每月，松下先生的言谈与态度都令我深觉惭愧，我能够从中体会到先生的一颗感谢之心，总是感动不已。

松下先生从不认为松下电器的成功是他自身的能力与努力造就的。他有句口头禅："今天，公司能取得成功，并得到社会的高度评价，是因为我的身边聚集了许多好人。"

"人们常对我说，松下先生，您取得了成功，真了不起。我也经常被问起成功的原因，但我也不知道自己为什么会成功（笑）。我遇到了好的部下和支持我的客户，上天也对我厚爱有加。今天我之所以能获得成功，全仰仗我的部下、客户和上天。这就是我成功的原因。这一切都值得感谢。"

松下先生自然流露的一番谢意深深地感动着员工们，客户与上天也不遗余力地支持他，因此他获得了经营上的成功。

昭和五十三年（公元1978年）正值松下电器创业六十周年。每年的1月10日，都会在大阪枚方市的松下电器体育馆召开经营方针发表会。那一年，大约有1万名干部员工出席会议，仪式在庄严肃穆的氛围中进行。最后，由松下幸之助先生发表讲话。那次讲话的时间并不比平时长，但所有列席的干部们都感动得热泪盈眶。松下先生是这样结束发言的：

"六十岁称为花甲之年，人到了这个年龄，就回到原点，从头开始。在六十年前由3个人开创的公司发展到今天，公司也将回归起点，10万人开始重新启程。下一个六十年到来时，我已与世长辞，你们可能也不在人世了，但公司一定会发展得更为壮大，超出我们的想象。从这个意义而言，我想向在这六十年间做出无限付出的各位同仁表达由衷的谢意。”

松下先生言毕，准备走下讲台。大家都以为先生的话讲完了，但松下先生突然在途中止住了脚步，朝着会场的1万名员工深深地鞠了三个躬。一位年老的创业者，为公司能取得今天的发展向员工们低头致谢。会场瞬时变得有些异样，到会者全体起立，有的人兴奋得满面通红，有的人任由眼泪流淌，掌声久久不能平息。我记得当时自己坐在从前排数第五列的中间的坐席上，目睹此情此景，我一时语塞，默默地环顾着四周。

松下先生似乎总觉得自己的感谢之心还不足够，应该向更多的人、更多的事表示感谢。他在和我闲聊时也常说起此事。他认为，自己在公司的干部面前，应该更加坦诚，应该拥有一颗感恩的心。他还常常说：“如果大家觉得我不够坦诚，请一定给我指出来，请一定告诉我。”

松下先生在八十三岁的时候，召集400名干部召开经营研究会时也曾说过下面的话：

“昨晚，我一直在思考自己应该更加知恩图报。以后如果您有什么抱怨和不满，就让我来感谢报恩。我要努力这样做，今天就是我开始这种努力的第一天。今后，无论是见到在座的各位还是任何其他人，我都会出于感恩图报而低头致谢。如果我没有这样做，请你们一定要提醒我。

“刚开始做生意时，大家都是一样地拼命。根据我的经验，卖掉第一件商品时的感激之情是最难以言表的。虽然后来可能会接到大量的订单，订单的数量可能会多得惊人，但这在最初是预料不到的。当初，每日为产品的销路担忧，内心忐忑不安，就在这个时候，有人来买商品，我卖掉了第一件商品。想起当时的情景，至今我仍心存感激。购物的客人离开后，对着顾客的背影，我满怀感恩，不禁双手合十。我反复低头致谢，直到客人走远，看不见为止。”

我想，不仅松下先生如此，任何一个生意人，最初都是每天为明日担忧，在顾客购买自己的商品后，也是一样地感激。但公司强大以后，很多人便逐渐地变了，感激之情渐渐变淡，直至忘却了感谢之心。不知从何时起，开始认为顾客购买自己的商品是理所当然的。不仅如此，甚至觉得是我在卖给你我们这知名品牌的产品。虽然口头上毕恭毕敬地说着“谢谢”，内心却在蔑视顾客，从事的是殷勤无礼的买卖。而且越是知名、强大、经营长久的公司，社长、员工、店员也越容易具有“无意识的傲慢”，对顾客仅仅是“装模作样地鞠躬”和致以“口头上的礼貌”。

员工培训、店员培训时，也只是教导如何鞠躬和微笑，使用何种措词用语，例如腰要弯成45度；用语要恭敬、彬彬有礼；要对着镜子练习微笑；和孩子讲话时要弯下腰，使视线和孩子的保持水平。但却不教感谢之心、感恩之情。

在教授鞠躬的方法、礼貌用语、如何微笑以前，应该先灌输“感谢之心”“感恩之心”。如果一家公司的社长、干部不能像松下幸之助先生一样以身示范，可以断言，其经营的成功是不会持久的。

懂得反省的人必能成功

“擅于反省的人必定会成功。一个人只有认真反省，才知道下一步要如何做，该做些什么，才能不断地成长。不反省，就会茫然不知所措，重蹈覆辙，反复犯同样的错误。”

松下幸之助先生常说，一天过完了，钻进被窝里，要先拿出一点时间做一番反思，思索当天发生的事情：某件事应该这样做；某件事在这方面处理得很好；没做好的，下次或许这样做比较好；好的地方，下次争取做得更好，采用这种方法也许会更有效……松下先生就是这样回顾自己的一天的。

有一次，我们闲聊，先生问：“晚上，你躺到床上，马上就能入睡吗？”我在白天无暇休息，每天都工作到很晚，一钻进被窝，当然很快就能进入梦乡。“是的，很快就睡着了。”我答道。我以为能很快入睡是年轻的证明、健康的证据，平时总爱以此自夸，所以想都没想就脱口而出，但接下来松下先生的一番话却令我颇为意外。

“那当然好。不过上床后，先别急着入睡，拿出一个小时，回顾、反省一下当天发生的事。”他说。

我原以为他会说“不错啊”，因此对他的话感到意外而目瞪口呆，便有口无心地附和道：“哦，是啊，是啊。”尽管如此，我觉得先生或许是对的，于是按他说的尝试着做了几次。大概是我反省的愿望不够强烈吧，无论如何尝试，年轻的我总是坚持不到5分钟就睡着了，别说反省一个小时了，早就在梦中遨游了。

到了现在这把年纪，我已经能够做到上床后先回顾过去一天的事情了，但坦率地说，为时已晚。我现在才感受到反省、回顾一天的重要性，常常在脑海里浮现出松下先生的那番话。

那么，什么是松下先生所言的“反省”呢？松下先生的“反省”并非只是回想“不好的事”，找出失败的对策，也并非只是悔恨遗憾，并非只是端正心态。不好的地方当然要反思，但也要回顾“好的事情”。不但要反思好的方面、有成效的地方，还要思考有没有更好的方法，能不能实现更好的效果。总之，不能满足于好的结果，要思考更好的方法、对策、态度。思考本身也是“反省”，“思考下一步”即是“反省”。这才是松下先生所言的“反省”之意。

无论做何事，不进行反省，不回顾、确认其好坏，难得的经验也就失去了意义。确认、回顾刚过去的一天，方能发挥经验的作用。经验并非知识，而是“从经历生成的智慧”。松下先生所言的“反省”，正如其字面意思，“反”指回顾，“省”指“仔细思考”。

《论语》中有“吾日三省吾身”这样一句话。大家都知道吧，“三省堂”书店的店名就由此得来。“我每天多次反省自身：替别人做事有没有尽心竭力？和朋友交往有没有诚信？老师传授的知识有没有按时温习？”这是孔子的高徒曾子的名言。这里说的是对做事、交友、学习这三件事所做的反省，但反省不仅于此。正如松下先生所言，“回顾一天，想想都发生了哪些事，有哪些不足需要改正，有哪些好的地方可以发扬光大。思考如何改正、怎样发扬光大”。

总之，对已经发生的事情不做任何思考，也不将其作为宝贵的经验去吸取教训，就会重蹈覆辙。那样既不能成长，也不会有所提高。我们的人生尚未长到可以让我们屡次犯相同的错误。

做错事并不愚蠢，愚蠢的是重复犯同样的错误。就是做得好的方面，如果一味地重复，也不但不能取得更大的成功，相反，还可能从成功开始走向自我毁灭，转化为失败的原因。自我反省，记住好的地方，并力争好上加好；不好的地方，则加以改善。人类的智慧就是这样形成的，它推动了人类的成长。记住做这些事，难道不好吗？

无论是谁，都能够做到反思一日。可以说，这是一件极其平凡的事。但是要做到一天不落，每天反省，却并非易事。但我们要克服困难，日积月累地坚持下去。至今，我还记得松下先生的话，自律并坚持反省。

反省，用另外一种方式表达，也可以说是对自己一天的“慰问”。这件事做得好，努力去做了；那件事做得不好，下次再努力。反省的时间也是对自己进行“慰问”的时间。如果能这样思考，则能够以广阔的心态去反思自己的一天。“反省，思考——思考，实践——再反省，思考”，松下幸之助先生就是通过反省、反省、不断地反省，得以成长、提升的。

通过反省，能够自然而然地生出“感谢报恩之念”。“那件事做得好，多亏了那个人的鼎力相助。”“当时我没意识到，但现在想来，如果没有那个人出手相助，是不会一帆风顺的，太难得了。”“因为那个人说了那句话，才会有这样的好结果。”“虽然不理想，但能做到这种程度，多亏了那个人相助啊。明天我要向他表示感谢。”……就这样，感谢之情油然而生。

由此可见，进行反省，便会自然地萌生出感谢之情。拥有感激之念，则会得到众人相助，会走上通向成功的道路。我们应该将反省、有感谢报恩之念作为日常必做之事铭记于心。每日反省是通向成功的道路。反省使成功的三种基本心念——热情、真诚与坦诚更加牢固与长久。

睡前一个小时的反省，关系到工作、经营、人生的成功。我们每个人都应该铭记“反省是成功之基础，亦是成功之母”。我写下这一篇，亦是为了自律。

我还有很多工作要做

如前所述，我大体每天都会与松下幸之助先生见面、交谈。周六休息，我还在家睡觉，先生就径直打电话过来，指示道："你现在马上过来一下。"我出门去见他，与他一直聊到晚上。到了夜里10点，我即将回去的时候，松下先生总会问："明天你也能来吗？"平日里，一到傍晚5点左右，先生就打来电话说："你现在就来。"我总是匆忙地将当天的工作做个了结后出门，听松下先生讲工作上的事和下达各种指示，之后我们便开始闲谈。回家一般都在夜里11点多，有时甚至是第二天的凌晨。

我大都在晚上7点左右赶到松下先生那里。他总是准备好了晚餐等我。我们一起用餐，然后聊公司、工作、政治等各种话题。到了晚上9点，松下先生一准会说："我要躺到床上去。"他是为了收看NHK（日本放送协会）的节目"新闻中心9点"。我说："那么，我告辞了。"松下先生问："你有什么事吗？"晚上9点不可能有什么安排或事情要做。我回答："没什么事，只是天色已晚，不方便再打扰您……""不碍事。"他这么一说，我也就不好离开了。"是吗？那就再打扰您一会儿。"我一边说，一边在床边没有靠背的圆形椅子上坐下来。

到了这个时候，我和松下先生的谈话已经完全变成了闲聊。我们边看电视，边议论："这个人说得太对了。""这位政治家只会批判，他自己到底是怎么想的呢？""如此下去，日本迟早要完蛋。"等等。除了新闻，我们有时也看娱乐节目和体育节目——"这个演员是谁啊？""这是哪儿的选手啊？"说些无足轻重的话，哈哈大笑。

到了晚上10点多，我起身道："抱歉打扰您到这么晚，我告辞了。"他说："还早，再待会儿吧。"等到10点半、11点，我瞅准时机说："很晚了，我告辞了。"他总算吐口："是吗？你要回去了吗？辛苦了。"

我从早上8点开始，一整天都在忙于PHP综合研究所的经营，埋头工作，然后又一直到这个时间才回家休息，想想看，也的确很辛苦。

我的年龄大约是松下先生的一半（相差46岁），和他孙子的年纪差不多。我离开时，松下先生完全可以一直躺在床上，不必起身，但每次松下先生都从床上起来，不仅如此，还穿上拖鞋，亲自送我。我说："您不必起身，就躺着吧。""没关系，耽搁到这么晚，辛苦了。"我有点儿受宠若惊："哪里哪里，您别起身了。谢谢。"但年过八十的松下先生还是从床上下来，把我送到门口。我和松下先生相比就如同是初出茅庐的新手，不，我和他就像是冠军力士与下级力士，有着天壤之别。他本可以躺着和我说"辛苦了"即可，但松下先生却如此郑重地送我离开，这让我诚惶诚恐，无比感激。

我刚才还在担心时间，但现在这种担心已荡然无存，疲惫也消失得无影无踪。我的感激不只这些。松下先生在从床上起身，陪我一起走到门口的大约5米距离的过程中，总是慈祥地告诫我：“你要保重身体啊。”他接着说，“我要活到160岁，还有好多工作要做。但我需要你的帮助。所以你不能比我走得早，可一定要注意身体啊。”

一天的劳累皆因松下先生的一番话烟消云散。虽然这些话并不是第一次听到，但每次先生这样对我说，我都会忘记疲劳，心情舒畅。我对自己说：明天也要继续加油！

至今，我对这些点点滴滴的细节仍记忆犹新。松下先生就是这样一个能让人从三言两语中感受到无限温暖的人。

能力有60分即可

能力对于成功来说究竟有多重要呢？也许有人认为，权限只能委任给优秀的人才。但松下幸之助先生的公司从一家小企业起步，在吸引优秀人才方面并没有什么得天独厚的优势。它只是大阪一个不显眼的小工厂，优秀人才不可能蜂拥而至，来的都是些四流、五流，最多也就是三流的人才。尽管如此，松下先生却不断地将权限委托给这些人，把工作交给他们去做。

“一个人只要有60分的能力，就可以不断地把工作交给他去做。”这是松下先生的人才观——能力有60分即可，重要的是热忱，有热忱足矣。

有100分的能力固然很好，但这样的人极为罕见。有60分的能力，再以满腔的热情投入到工作中，这样的人一般都会成长起来。不让他们去尝试，便无法知晓，放手让他们去做吧。人的热情程度很难改变，但能力却能够因热情高涨而有很大的提高。

“一个缺乏热情的人，能力是不会有所提升的；而满腔热忱的人，其能力与热忱会成正比增长。”这便是松下先生的人才观。他不断地对员工、部下委以大任，甚至被一些其他公司的经营者认为是无谋之举。有的人说，松下先生是因为体弱多病，不得已才那样做的。但就算如此，那也是相当胆大的对部下的任用。不管怎样，他对部下的任用大获成功。虽然成功，但也并非100%的成功。我曾直接确认过，在六个人中，一般做得好的有三个人，有两个人做得还可以，还有一个人是失败的。但是六个人中能有三个人做得不错，就可以说松下先生对部下的任用是大获成功的。

“60分的能力”与“胜于一切的热情”，只要二者兼具，就可以不断地委任权限，让其担负起工作重任。

松下先生的这种“60分”标准，不仅是任用人才的标准，也是衡量一切事物的标准。例如，开始做一件事的时候，会为成败感到不安，需要做出种种判断。但人非神，不是先知先觉者，不可能做出100%正确的判断，也不可能100%地做出成绩。因此，松下先生说只要有60%的把握，判断就算是妥当的，可以为之。

“大家都是凡人。即使能够进行预测，最多也就预测60%，其余的全凭热情、勇气与执行力。只要能做到这些，就可果敢前行。”

对于任何事，松下幸之助先生似乎都爱把“60”这个数字当作标准。我们不可能100%地成功预测，很多失败反而是由“100%没问题”的安心感造成的。60%的成功可能性更能激励人奋发图强，努力拿出100%的热情、100%的勇气与100%的执行力去做。这样，

60%的成功可能性就能带来100%的成功。这是松下幸之助先生的亲身体验，是他的切身感受。

在汗水中挖掘智慧

要想成功，需要有热情并付出努力。有一个词语是“心想事成”，但仅仅靠想，花是不会开的。要给花浇水，还要除虫，经过一番努力，花才会绽放。绝不可以像买彩票那样，不努力，只靠祈祷，企图不劳而获地赚上一笔。哪怕是区区小事，也要用心去做。日积月累的努力乃是根本，是至关重要的。毫不迟疑地做好挥汗如雨的心理准备是必不可少的。

从前，某经济杂志上刊登过一篇报道，是关于一家预制装配式住宅制造企业的社长的。内容我已经记不清了，但我仍记得报道中的一幅照片：在社长旁有一块匾，上书“有智者出智，有力者出力，二者皆无者遭淘汰”。我对匾上所写的这句话颇为赞同，于是向松下先生讲起此事。先生稍事停顿，说：“这可不行啊，这家公司迟早会倒闭的。”我吃了一惊，不禁“啊？”了一声。先生解释道：

“如果是我的话，会说：‘先出力流汗，在汗水中挖掘智慧，做不到者淘汰出局。’多数智慧都是从汗水中得来的，所以首先要出力流汗。先挥汗如雨地大干一场，辛勤的汗水能够孕育出很多智慧。做不到这些的人，就只好让其离开了。”

有道理。但我虽然对先生的话心悦诚服，仍觉得“那家公司迟早会倒闭”有些言重了。然而令我惊讶的是，那家公司果然在几年后破产了。不错，知识只是知识，不经汗水的历练，不是从辛勤的劳作中得来的知识，是偏离、脱离实际的。我们在聆听那些驾驭数字与知识的学者、专家讲话、演讲、发表意见时，常常觉得对方是在纸上谈兵，大概就是这个道理吧。

领导者应该告诫员工们首先要流汗努力。如果首先要求员工们调动智慧的话，员工们就会伏案冥思苦想，不亲临现场，不和一线员工共同劳作，只闭门造车地想办法，这样得来的智慧不能说是真正的智慧。松下先生认为，远离一线、不从汗流浃背中得来的智慧，不是智慧；只有通过浸泡在汗水中得到的智慧才是“货真价实的”。

松下先生常说：

“盐有多咸，糖有多甜，就算是学了几十次、几百次，也是无法理解的。只有尝过，才知道真正的味道。”

在与一位经营有方的社长见面交谈时，我们有时会觉得对方并无过人之处，但那家公司却经营得不错；反之，有的人看似头脑聪明，讲起话来也头头是道，却将公司经营得一塌糊涂。很多人都有过类似的经历或感受吧。松下先生在其漫长的经商之路上更是阅人无数。在一次演讲中，他如是说：

“经营有方的社长，即使没有聪明过人的头脑，也能抓住经营的诀窍。他们具有很多无法从表面窥视到的东西。他们拥有的是对盐的品鉴能力。他们虽然没有上课学习过盐是什么味道，但因为每天都在品鉴，所以比谁都了解盐为何味。这些社长就是这样的一群人。”

在淌汗、流泪、不懈努力的过程中，真正的智慧涌现了，并且自然而然地成为自身的一部分。从努力与汗水中得来的智慧才是货真价实的。只有尝过盐的人才知道盐是咸的。吃过盐，才能产生货真价实的智慧，才能使人信服，才会令人感动。总之，没有任何踌躇地拼命努力，才是松下先生想要传递的真意。

“就算你师从一位谙熟游泳的教练，听他讲上三年怎么游泳，也未必马上就会游。必须经历泡在水里、呛水的过程才能学会游泳，你在课堂上学到的那些东西方能发挥效力。就是这么一个道理。”

本来人人都能经营成功

松下幸之助先生认为，人都会获得成功。无论是工作、经营，还是人生，所有的一切原本都注定会成功。他也经常这样说。松下先生的这种想法源于他的亲身体验与如下观点。

松下先生对历史的观察期（长度）极长。英国历史学家阿诺尔德·汤因比考察了人类自诞生以来的历史，松下先生则追溯到人类诞生之前，思考宇宙诞生以来的历史。

松下先生从中发现了宇宙万物是不断变化发展着的规律。用通俗的语言来说，即一切事物皆在发展变化。

有一种假说认为，今天的宇宙是一个体积接近于0、质量无限大的原始质点，在大约一百三十七亿年前发生大爆炸（Big Bang）后诞生的。根据这个假说，地球是在宇宙大爆炸之后经过了大约九十亿年诞生的。而且，地球最初是一个火球，经过了大约四十六亿年的岁月，才演变成现在的一派绿色。松下先生认为地球也是在不断发展的。

在大约六百万年前诞生的人类，最初是赤身裸体的；后来，穿上衣服御寒，捕食猎物果腹，开始农耕，构筑起文化和文明，变成了今天的样子。通过观察，也不难发现这是一个不断发展的过程。

对事实加以考察，便可见宇宙中存在着变化发展的法则。如果这种自然法则不起作用，就不会有宇宙的变化、地球的变化和人类的变化，而且，这些变化也不会以发展的姿态呈现在我们的面前。

也就是说，是变化发展的自然法则推动着宇宙的演变和人类的发展。正因为如此，任何一个人天生就会发展和成功。这就是松下先生的观点。

那么，为什么还是有很多人遭遇挫折和不幸，无法取得成功呢？对此，松下先生是这样解释的：

“人类原本都是会获得幸福的，经营本来都会取得成功。之所以不幸、不成功，是因为人们或经营者没有认识到变化发展的自然规则，所以在日常生活或工作中也不遵循这些规则。就好像春夏秋冬四季轮回与太阳东升西落一样，做好本分之事，不该做的事不做。如果能做到这些，人生必定会幸福，经营注定会成功。”

即使有着变化发展的法则与本质，如果不按这种变化发展的自然法则去努力，也不会幸福或成功。不能如愿以偿、不幸福、不成功，都是自己被自己束缚，该做的事不做，或者是被私利、私欲等束缚，与变化发展的自然法则相悖而行的缘故。

那么，如何才能遵循自然法则呢？松下先生的答案是“要有坦诚之心”。

已故著名佛像匠人松久宗琳大师接受电视采访时，采访者使用了“雕刻佛像”这样的词。大师答曰：“我没有在雕刻。”采访者惊奇地说：“嗯？是吗？”宗琳大师回答道：“菩萨居于树木之中。我只是使用凿子这件工具除去身在树木之中的菩萨周围的灰尘，而不是在雕刻。”

在此，我借用宗琳大师的这句话来说明，尽管人类与经营本来都是会获得成功的，但却布满了尘芥。我们充斥着私心、私欲、固执、执着，要用坦诚之心这把“凿子”将这些杂质剔除。去除了这些东西，自然能够幸福、成功。

当然，我并不认为每个人都能获得“最大”的幸福，也不认为所有公司都能跻身“世界级企业”。但无论是谁，都有属于自己的幸福，每家公司也都能取得它应有的成功。这是毋庸置疑的，应该像松下幸之助先生那样去思考。但如果被周围束缚，被时代束缚，被一己私利束缚，尚未找到自己与生俱来的幸福与成功，此生便终结了，公司也消失了。

松下先生的“自来水哲学”（以低廉的价格提供丰富的卓越产品）也可认为是变化发展的自然法则。生产出卓越的产品，以多数人满意的低廉价格销售，必定会生意兴隆。可以说，这就是生意场上的自然法则。现实中，某家服装公司就是凭借这样的思路横扫全球的。这证明了，只要遵循自然法则做好该做的事，无论人生还是经营都一定会成功。

“从原则上讲，经营是不断发展的。经常听到有人说因为不景气，所以做不好。但本来是不会发生这种情形的。遵循自然法则行事的话，绝对不会出现生意停滞不前的现象。不景气反而更有助于发展。经营是可以无限持续发展的。”

第三条　不懈的努力

你把坐垫摆歪了

我几乎从未被松下先生郑重其事地批评过，但在松下先生身边工作了大约两个月的时候，即昭和四十二年（公元1967年）11月中旬，发生了一个令我无比惊奇的“事件”。

一天傍晚，松下先生刚走出京都私邸的房间，突然停下脚步。他回头看了一眼跟在他身后送行的我，说：“你离开房间时要把电暖炉的电源关掉啊。”我吃了一惊，立刻按他的吩咐关了电源。我一边关电源，一边在心里想：“身为松下集团统帅的松下幸之助先生，连关电源这样的小事都要下达指示，未免太过于细致了。他连这点小事也要交代吗？”松下先生接着嘱咐道：“没人在时，没必要开着电炉。万一着火的话很危险。”后来很长一段时间，我都在心里记挂着松下先生的“细微指示”。

一个月后，为了迎接客人，松下先生提前约一个小时来到他在京都的私邸。他向各方一一下达指示后，对我说：“我要到院子里走走，跟我来。”我以为是让我陪他散步，就跟在他的身后。他说：“今天你来带客人参观院子。”当时，我对这所庭院几乎一无所知，紧张地挪动着脚步。每到一处，松下先生便停下来，逐一向我仔细地指示："这个地方要这样向客人说明。""要说明这块石头是一块什么样的石头。""要告诉客人这个池塘的水是引自琵琶湖的水。"……

这处庭院是京都府指定的明治时期的文化财产，面积约2000坪，是著名园艺师小川治兵卫设计的名园，现在也常常出现在电视中。昭和三十六年（公元1961年），某人将它转让给了松下先生。他保留了庭院基本的借景、自然式样、池泉回游，并按照自己的喜好进行了改造。这座令松下先生自豪的庭院倾注了他的心血。

松下先生绕着院子转了一圈，接着走进10张榻榻米大小的日式房间。房间里已经整齐地摆好了10位客人的坐垫。坐垫分明摆放得整整齐齐地，但松下先生却说不行。他冲着大吃一惊的我说道："坐垫没摆端正。"我诧异地又看了一下，还是觉得挺整齐的。我看着松下先生，实在搞不懂哪里放歪了，哪里没有摆正。

松下先生教我就好像上小学时在教室里摆放书桌那样，以最前面的桌子作为参照，看第几张桌子出来了，第几张桌子是歪的，盯着坐垫摆正。我暗想：一块坐垫而已，何必这么做？但我还是按照先生说的重新排列了一番。这下可以了。我刚松了口气，松下先生又指示道："这块坐垫的正反面放反了，前后也是颠倒的。你对所有的坐垫都再确认一下吧。"

那时，我没有半点关于坐垫正反与前后的知识，分不清哪面是正面，哪面是反面，也不懂哪头是前，哪头是后。见我有些胆怯，松下先生从脚边拿起一块坐垫教导道："你看，没有接缝的这头就是前面。你再看后面的接缝，有缝线的那一面是正面。"你们能想象得到我听了这番说明后有多惊讶与敬佩吧。

松下先生随后又指示我把摆在坐垫前的八个烟灰缸也摆正。我数着榻榻米的张数，把烟灰缸平均分配摆好。像这样的批评，后来我又经历过多次。

身为经营者，松下幸之助先生为什么能取得成功？有什么秘诀？这恐怕是松下先生被提问次数最多的问题了。松下先生每次都是想到什么原因就列举出几项。

例如，“因为有理想”。松下先生还在经营一家小工厂的时候就提出了“二百五十年计划”。设定二百五十年以后的理想，让小厂的员工们激动不已，他们自豪地想：“尽管我们现在还是一家小厂，但在遥远的将来，虽然那时我们都已不在人世，我们的公司却将成为给全体日本国民带来喜悦，将日本这个国家变为乐土的公司。”员工们有了使命感，干劲十足，每个人都发挥出超出自身的能力。因此可以说，这就是松下先生之所以是一位成功经营者的缘由。

听了这个原因，有的人认为：“不愧是松下先生啊，二百五十年计划，将日本变为乐土的梦想既壮观又庞大。”也有人说：“松下先生的想法真了不起，和我们的简直不可同日而语。”

但有的时候，松下先生又把成功归因于“日常的积累”，即“平凡之事、理所当然之事、琐碎之事”的积累。松下先生确实拥有崇高的理想，拥有二百五十年计划，但他也常说自己的成功其实是珍惜每一天，不懈努力的结果。

“坦率地讲，我能有今天，是因为我珍惜每一天，拼命工作。回顾当初，我并没有要建成一家大厂的宏伟计划。创业之初，我想的只是把每天1日元的销售额变为2日元，2日元变为3日元，珍惜地度过每一天。每一件微不足道的小事，我都全力以赴地投入其中。青春年少、胸怀大志诚然可贵，但认真地看待每一天的工作，认真地对待每一件小事，日积月累，方可进步。有朝一日，就会发现已聚沙成塔，集腋成裘。

“说到经营、经营者，人们常常想到豪言壮语。人们渴望气势磅礴地大干一场的心情不难理解，但不脚踏实地是不行的。需要积少成多，做好每天该做的事；对细节也要关注到，不得疏忽。不要把经营想得很难，平常地去解释，去看待，就一定能取得某种程度的成功。”

珍惜每一天，在小事上也不懈怠，一步一步地积累。或许松下先生的这些话过于平凡，很难被人们留在记忆中。但松下先生想告诉我们的是，几十年如一日地坚持做这些平凡小事，一点一点地积累起来，“平凡就会带来不平凡的结果”。

尤其希望年轻人懂得这个道理。有理想、胸怀大志固然重要，但不要只把远大的计划挂在嘴边，终结于豪言壮语。切记，平凡小事的日积月累，才是通向成功的捷径。

“拥有理想”和“积累小事”，就如同车的两个轮子一般。无论何事，想要做成功，除了设定崇高的理想与目标，踏着铿锵有力的步伐，一步一步朝着理想与目标迈进，别无他法。一步一步地行进看似缓慢，但只要不懈怠，就能达到惊人的效果。

我们往往忘记这些理所当然之事。我们需要在心里明白，“怠慢了平凡之事、理所当然之事、琐碎之事，则无法成功”。“细小的积累”才是通向成功的捷径。让我们将此铭记于心吧。

不良品就是不良品

我还回想起我受到松下先生严厉斥责的一件事。那是在出版先生的著作《经营心得帖》时发生的事。

为了体现《经营心得帖》书名的氛围，决定采用传统的和式装帧：在藏青色书封的标题处做白色镂空，再在其上印上“经营心得帖”几个字。然而，这做起来却出乎意料地难。在白色镂空上印字，文字哪怕只有一点点歪斜，也格外显眼。以当时的技术，是不可能印端正的。印刷公司的技术员说：“技术上有难度，还是别在白色镂空上印刷文字了。”我无可奈何，便放弃了。

接下来决定把整个封面印成藏青色，然后在上面粘上印有“经营心得帖”几个字的白色长条纸。但是，用胶把纸粘在一起，由于不同纸张对胶水的吸收程度不同，无论如何都难以避免出现凹凸。为了尽量将凹凸减少到最低限度，并保证将那张白色长条纸粘贴端正，工人们一次又一次谨慎地操作着。整个作业颇费功夫。

大费周章后总算完成了，我立刻打电话告知松下先生。“是吗？完成了吗？你马上给我送过来吧。”松下先生说这话时正在东京，而作业是在大阪的印刷所。我拿上十册书就跳上了新干线。

我得意洋洋地闯进东京分公司，把书交给松下先生。他高兴地说："嗯嗯，不错，不错。"

松下先生将书翻了个遍，最后将目光落在封面上，他的表情出现了些许变化："你看，这是不良品。"

哪里不良了？我有些摸不着头脑。松下先生将书举到和视线同高，放平，从侧面眺望。"这个地方凹凸不平，这可不行啊。"他一边说，一边用指尖抚弄粘在藏青底上的白色长条纸。

我也知道这个问题。但这是用胶将不同纸质的纸张粘在一起，一线工人反复试做，不分昼夜地努力，才实现了凹凸最小化。我向松下先生解释了原因以及大家为此付出的努力。然而，他并不领情，也并未因此原谅我。

"不管你怎么解释，不良品就是不良品。第一，你有没有让他们把藏青色书封挖成白色镂空，再印上'经营心得帖'这几个文字？你亲眼看见了吗？不能光嚷嚷做不了，先做做看。总之这就是不良品。这要是个家电，我们是要对这样的不良品负责的。你连这都不懂吗？"松下先生大发雷霆。

我心想，他为什么要如此认真地对待这么一点小事？为什么这么愤怒？也只有松下先生会把书摆在和视线水平的位置仔细观察吧。从正面看，几乎看不出凹凸，也不必放在心上的。

无奈，我急忙折回大阪，跑去向印刷公司的负责人说明。

"那可做不到，我们说了有难度，做不了。"

"还是再试一次吧。"

就这样，我们把球踢来踢去。好在最后，对方还是接受了："是松下先生让我们做的，我们就试试看吧。我们来想想办法。"

能做到什么程度呢?

我知道，把藏青色书封的一部分挖成白色镂空，在上面印上“经营心得帖”的文字，据印刷公司以往的经验看，是极其困难的。能做到吗?

印刷公司的负责人和一线工人们忙乎了整整三天三夜，结果真是令人难以置信——竟然挖白、开窗，端正地印上了“经营心得帖”几个字。我的喜悦之情难以言表。

印刷公司的负责人也无比欣喜，因为他们找到了新办法。“松下幸之助先生是我们的上帝！多想想，多尝试，是能够做到的。”而且还省去了粘贴长条纸的功夫，并大大降低了成本。

我再次切身感受到只有在严格的要求下才会有进步与发展。我马上把书给松下先生送了过去。他赞不绝口，转怒为喜：“你看，想做就能做到吧。”

我将人生与经营理解成由看似微不足道的日常小事积累起来的叙事诗。

提到经营，人们往往有一种错觉，认为要大胆地调动组织、体制，或运用管理、手法。实际上，只有领导者与员工们认真地对待每一件小事、每一个细节，经营才能有所发展。正是工作在一线的员工和工人们对细节的关注积累起来，才构筑起我国经济发展的基础。正是经营者与员工们日常的所思所想、言行举止，开展、投入工作的方法，以及每日的工作热情这些“小事”积累起来，才有了今天的日本企业和日本经济。

“成功是由那些看似微不足道的日常小事积累起来的叙事

诗。”因此，我们不可忘记“小事”的珍贵。无论时代的潮流如何变迁，只要是正确的事，哪怕再小、再平常，也应该严肃认真地投入其中。我一边忆起松下幸之助先生，一边陷入了沉思。

此处需重写

这是出版《为人之道》这本书时发生的事。关于这本书的内容将在后面叙述。这本书对松下幸之助先生极其重要，可以说是体现了“松下幸之助真意”的一部著作。

这本书原是松下先生对自己从二十多年前就一直反复斟酌的“人类观”的解说书。经过数次推敲后，先生将修订过的手写校正稿交给印刷公司去印刷。他花了半年时间反复研究校正稿，就连周末与节假日也没有休息过一天。150～160页的校正稿从头看到尾，最初需要一周左右的时间，速度渐渐变快，到了后来，一天就能阅完。每次审订完校正稿后，他都要交给印刷公司再次印刷。虽然还不至于每天都要印刷校正稿，但差不多每隔几天就要印上一次。

起初，印刷公司很爽快地就答应了。但印制校正稿的要求超过了15次后，对方有些不快了：“江口先生，适可而止吧。以前我们曾为某所大学的老师印制修订稿的校正版，最高纪录是十二三次。一般我们也就印两三次。你们要求印这么多次，会影响我们其他工作的。我们真的不好办啊。”

“您说得对，但还是请帮帮忙吧……”我低下头哄劝对方。

超过20次后，不知是印刷公司的人死心了，还是理解了，或者是出于对我的同情，他们对我说："印多少次都行，您尽管吩咐吧，不必介意。"

最终，在大约半年的时间内，一共印了60多次，可见松下先生对人类观的钻研有多么执拗。小到一个词、一个小小的观点，他都不放过，不允许有任何一点错误或有可能招致误解的表达与措辞。松下先生的书，一般都是由他亲自进行多次确认的，但像这样多达60多次的研究和确认，现在想来也非同一般。

一般情况下，松下先生会当着研究员们的面，将自己的所思所想滔滔不绝地讲上几个小时，有时甚至是几天。有时，研究员们也会针对松下先生的话提出质疑或进行确认。

每次，我都会把松下先生的话及他和研究员们的讨论录下来。之后，我把录音内容听写成文字，按松下先生的要求整理成原稿。我会把口语改成书面语，删去重复的话，但保证最初的原稿与松下先生当时说的几乎分毫不差。接着，基于这些原稿，我们召开"讨论学习会"。

研究所的研究员出声诵读原稿。松下先生拿着铅笔，追着原稿的文字，读了又读，并下达指示："此处，这样重写一遍吧。""这里需要说明得再细致一些。""此处删掉吧。"……

这些细致入微的指示在研究员们看来毫无必要，但松下先生却一直修改、订正，直到自己满意才停下来。研究员们就这样反复地不断修改。而且，这项作业从来没有一两次就完事的，有时要重复几次、十几次，松下先生的著作才能完成。然后，先生再让其他人阅读，问其感想，听其意见。在他看来有道理的感想与意见，他便作为参考，据其进行修订、重写。最后才进入出版阶段。

尤其是《为人之道》这本书，对原稿进行修改，然后印刷校正稿的次数多达60多次，对它的讨论次数更是超过了100次，征求过意见的人数也大大超过了其他著作。我和先生两个人的讨论学习会历时半年才结束，接着，像往常一样，松下先生指示我向外部各方征求意见、询问感想。被询问过意见的人遍及从北海道至福冈的广大地区，我记得超过了120个人，其中不仅有全国知名的有识之士，也有松下先生身边的人和公司的干部们。

松下先生的人类观大都得到了全国知名的有识之士的赞同，有些人还写下了感想。与他们相反，松下先生身边的人和公司的干部们则多持反对、批判意见。对此，我至今记忆犹新。但尽管这些人对松下先生的著作提出批判，当我向松下先生报告此事时，先生只是笑答："这就是社会。"

最终一共收集到了近1000条意见。松下先生对这些意见与感想一一过目，有时也让我念给他听。松下先生一边斟酌，一边将认为应该修改的地方做了修订，对认为应该重书的地方重新写过；而对于自己不能认同的地方，即使同类意见再多，他也不会修改自己的观点。但先生把那些批判与反对的意见都装在脑中，当受到来自各方的质疑时，他总是简单明了地抒发己见。这也令我再次认识到征求多数人的意见，集中众人智慧的重要性。

松下先生对自己著作的出版表现出非同寻常地执拗，是因为他想要正确无误地表达出自己的真意，也是因为他拥有要对读者们负责的信念。

下雨则撑伞

前面讲过，经营离不开日常的积累，要为五年后或十年后认真地做好每一天的积累。松下先生认为，只要做到了这一点，无论经营还是生意都能做好。

某位报社记者曾提问："松下先生，您获得了极大的成功。能谈谈您的成功秘诀是什么吗？"松下先生的回答只有一句话："顺应天地自然法则。"闻听此言，记者不太明白，追问道："天地自然法则？具体指的是什么呢？"松下先生像平时一样，给出了一个富有禅意的答案——

"就是下雨撑伞。"

那位记者更加茫然了，一时语塞。松下先生便解释道：

“要是下雨了，你会怎么办？下雨了当然要打伞吧，因为这样就不会被淋湿了。这就是顺应天地自然法则，是极其平凡的姿态，是很平常的举动。生意和经营也是一样。如果说生意、经营的发展有什么秘诀的话，那就是极其自然地做平凡的事，做该做的事，尽心竭力地去做，不该做的事则不做。具体来说，例如以100日元采购来货品，加入适当的利润，按顾客会购买的100多日元的价格销售，再集齐所售货款，就是诚实推进事业，正确开展经营。”

下雨却不打伞，任由被淋成落汤鸡，不是奇葩之人，是不会那么做的。然而，松下先生在多年的经历中，却总能见到一些经商之人、从事经营之人对该做的事情不做，下雨也不打伞：只要能把商品推销出去，就随意抬高价位，牟取暴利；不注意回收货款，钱不够了就从银行借；没有资金，却还硬撑着进货，标高价强行推销；或者对某些商品肆意降价抢客，同时又为其他商品标上超出合理的价格，以确保整体的利润，即所谓的“欺骗商法”……这些经营做法是违背天地自然法则的。这些下雨也不打伞的商人与经营者最后是不会成功的，是注定会失败的。

成功者与失败者相比，做法的差异一目了然。松下先生是想告诉新闻记者，要成功，就要顺从天地自然法则，该做的做到了，就会成功。

下雨则撑伞，天热则减衣，天寒则加衣。顺应天地自然法则听起来很玄妙，其实就是每天做好该做的事。切实做到这些的话，无论是工作还是经营，乃至人生都能获得成功。这就是松下先生从自身经验得来的成功哲学。

“经营不善的店主，做的都是超出自身能力之事。可以说，他们几乎无一例外地做着自不量力的事情。而那些经营有方的店主，则完全在其能力范围内从事自己的工作。我接触过很多生意上的伙伴，所以对这些了如指掌。”

很多生意不好、经营不佳的经营者把公司萎靡不振的原因解释为经济环境不景气，经济结构、经济政策不好，等等。实际上，原因在于这些经营者的思考方式偏离了天地自然法则，他们大都不做该做的事，忘记了要做的事，不脚踏实地地做事。

“下雨则撑伞。”松下先生的这句话正是一句“经营秘诀”。我认为，理解了其中的奥秘，便意味着获得了先生的“真传”。

我是个凡人，太好啦

与松下幸之助先生接触久了，有时我会不由得思考：这个人果真是从零起步，在短短的六七十年间，创办了世界级大企业的人吗？看不出他有过人的渊博知识啊；外型上，也没有压倒他人的气势；也并非善于言辞……我凝视着正在看电视中棒球赛或相扑比赛的他的侧脸，觉得他并没有什么威慑他人的地方。不仅如此，他的脸上有时还会掠过一丝不太自信的柔弱的表情。

可以说，松下先生在从事经营的这些年，一直是诚惶诚恐地投身其中的。甚至也可以说，他的人生也是在诚惶诚恐中度过的。

那么，他那强大的存在感究竟来自于什么呢？答案是来自于他创下的无比卓越的业绩。

有一次，松下先生这样对我说：

“嗯，我成功的理由吗？我也不知道啊。像你听到的那样，人们有时会问我：‘你是怎么把公司做大的？你用了什么方法？’但我也回答不出这些问题。如果非要我说点什么的

话，那就是因为我是个凡人。与人相比，我没有值得夸耀之处。我觉得这样挺好的。”

有时，他也会如下所述来解释成功的理由。

松下先生在小学四年级就退学了。4岁时，父亲投资生意失败，之前还算殷实的家境从此没落，一下跌入了贫困的境地。由父母和兄弟姐妹们组成的十口之家，不得不前往和歌山与大阪打工挣钱，最终连可以回归的故乡也失去了。雪上加霜的是，从5岁丧兄开始，直到26岁，松下先生的父母和兄弟姐妹们相继离世，他们全都死于肺结核。

松下先生也在20岁时患上了尚处于肺结核初期的肺尖卡他。医生看过后对他说：“赶快放下工作，回到故乡休养吧。”但松下先生已经没有可以回去的故乡了，而且他身无分文。松下先生只能一边调养身体，一边坚持工作。在23岁时，他开始创业，等经济上有点宽裕后，总算能去得起医院了。

他曾向我这样描述：“在前往医院的途中，我吐起血来。虽然没有什么大不了的，但看到血，我想这一天终于来了，我就要死了。”

虽然松下先生的病最后并没有发展成肺结核，但直到95岁去世，他一生都拖着一副病弱之躯。40多岁之前的松下先生不时需要卧床。从他71岁开始，也就是我开始在他身边工作以后，一年中的大部分时间，他都是在床上度过的。可以说，松下先生终其一生都被健康问题困扰着。

“我之所以在经营上博取众长，那是因为我没怎么上过学。如果我按部就班地从学校毕业，也许我会羞于向他人请教，或者我会认为根本就没必要那么做。但幸运的是，我没念过什么书，所以我只能求教于人。经营、生意我都是边问边做的，还做得挺顺。这样想来，今天我能有生意上的成功，可以说就是因为我是个凡人吧。”

松下幸之助先生在经营上的成功事例多和他的人生背景有关。例如事业部制，它形成于昭和八年(公元1933年)，在全世界也算是比较早的。如松下先生所言，它的出现是因为自己身体柔弱，无法直接担负某些工作，于是，考虑将工作交给部下，替代自己去完成。这样，自然而然地就想到按不同产品建立事业部，即企业内的企业，把经营交给它们来做。

后来，事业部制被合理地解释成是出于培养人才、明确责任等目的设立的，但其原本的成立契机实则是松下先生的体弱多病。如果先生身体强健，可能从1到10，他都会冲在前面，亲力亲为地吧。“‘幸好’我身体柔弱，真是万幸！”松下先生在闲聊时经常这样说。而他这么说，绝不是矫揉造作。

松下先生获得巨大成功的重要原因是他清楚地看到并承认自己“从柔弱起步”“从不利起步”。正是因为他认识到自己是一个平凡之人、病弱之人，这样一个病弱的凡人投身于事业，才获得了成功。松下先生认识并看清自己是“普通人”“平凡的人”“病弱之人”，才最终取得了成功。

松下先生的性格也较为柔弱。就连他自己也曾说：“我胆怯懦弱。”但同时，他又惊人地强大。他有常人不可企及的强大之势，这是无可争辩的事实。尤其是在坚持自己的信念这件事上，他有着强烈的韧性。他还拥有强烈的责任感。他是一个严以律己的人。

他的这种严格与强韧来自何处呢？来自“认识并承认自己的柔弱，以柔弱为出发点做出的种种思考”。

一般的人都会尽量地隐藏自己的弱处，并虚张声势，表现自己的“优越性”，想要将柔弱的自己“强大”地展现出来。这种勉为其难的做法锉去了一个人的锐气。敢于暴露出真实自我的人才能让周围的人感受到魅力与亲近。他们能让身边的人敞开心扉，感受到他们的存在与魄力。

松下先生具有从自身的弱点出发，在现实中将柔弱变为“强大”的想法。

为了将“柔弱”变为“强大”，要如何做呢？

我想就是要坦率地承认自己的弱点，一步一步地积累：如果觉得询问他人较好，就开诚布公地发问；如果自己的能力欠缺，就拿出倍于他人的热情；如果有着病弱之躯，就去向周围的人请求帮助。正是这样的坦诚与看清将柔弱变为强大，将平凡变为非凡。

向往成功的人应该铭记，不要把自己摆在高不成低不就的高度上，不要从伪装的强大出发。直视、看清自身的弱点，并以此为出发点，诚实而热情地坚持积累平凡的小事，才能变为真正的强大。

了不起的女服务员

松下电器的工厂与事业所几乎遍及全日本各县。为什么如此遍地开花呢？这源于下面发生的事。

昭和四十一年（公元1966年），松下先生前往鸟取县米子市出席松下电器销售店铺大会。知事、市长、工商会所的所长们纷纷前去拜访他。

大会结束当晚，松下先生住进了旅馆。第二天吃早餐时，一位女服务员对先生请求道："松下先生，有个事情想拜托您：您能不能在米子建一家松下电器的工厂呢？由于鸟取米子缺少工作岗位，年轻人纷纷去往大都市挣钱。这里的年轻人越来越少，这里也越来越寂寥，今后城市的发展也没有指望了。如果这里能有一座工厂，有可以工作的地方，就能够留住年轻人了。请您一定在这里建一座工厂吧。"

松下先生闻听此言非常感动："真是一位了不起的女服务员啊！"前一天来拜访的知事、市长、所长们说的都是千篇一律的客套话，没有一个人像这位女服务员一样吐露真实的想法，提出请求。这位女服务员很伟大，是位了不起的女性！先生的内心被深深地触动了。

在那个时代，伴随着经济的高速发展，城市与地方人口不均衡的问题日益严重。于是，松下先生从当时人口数量下降最剧烈的鹿儿岛县开始，在地方兴建工厂。四年后，如米子那位女服务员所愿，松下电器在鸟取县大山町建起了微型马达工厂。

企业不愿把工厂建在偏远地区，是因为要运送零件，还要运送制造好的产品，有时间和经费上的问题。但听了米子那位女服务员的请求，松下先生并没有考虑企业的得失，他考虑的是日本整体的活力，要振兴地方，不能让高龄者寂寞，因此接受了请求，将工厂、事业所开遍全国各地。松下先生这么做，是因为被米子那位女服务员的请求深深地打动了。

松下电器在各地都得到高度的社会评价，并推动了经营的发展。这些地方有很多优良的劳动力，人工成本便宜，土地也廉价，因此这种做法对松下企业起到了一定的宣传作用，其他公司的人见状说："松下先生可真会做生意啊，干得好！"但其实松下先生这么做本来只是因为听了米子那位女服务员的话，产生了同情心，换位思考，如果自己是她，会多么寂寞啊，所以，他认为哪怕自己的公司蒙受损失，只要能让大多数人喜悦，过上充实的生活，作为企业人，就应该去做。从大的方面考虑，如果城市与地方一直处于这种不平衡的状态，全日本的发展迟早会停滞，这就不仅仅关系到企业的得失问题了，而是为日本各地和整个国家的发展着想做出的决定。

"先人后己，比起考虑自己的公司，优先考虑他人。"工厂和事业所在全国的扩张为松下电器带来了巨大的成功。这正好应了"与人方便，与己方便"这句老话。

后来，松下先生发表了一篇论文，主旨是：“哪怕利润一时减少，也要在人口稀疏的地方建立工厂，做出贡献。这是未来企业的使命。”

地方经济要想复苏，不能仅靠国家的呼吁，也不是经营者仅从一己私利出发，计较得失去考虑做得到的。企业家要把国家的未来放在心间，国民性课题比自己公司的发展更重要，要像松下幸之助先生那样，首先想到“人类、国民、地方”，毅然践行“有品格的想法”。

松下先生从未有过找政府要补助的“不高尚的念头”，也没有提出过什么要求。近来，却有一种风潮认为优先考虑自己才合算。这与松下先生常说的“人至上的观点”不符，这是一种“利益至上的观点”，是“金钱至上的观点”。有这样的观点，即使在一定程度上能取得经营的成功，从长远来看，还是注定会败落的。

谁说要这样做的？！

对于逐年扩大发行的杂志与单行本，松下先生总是亲自一一确认，看PHP研究所的活动有无偏离基本理念——通过繁荣实现和平与幸福。

他首先看杂志的封面，接着看目录，然后再随便翻开一页阅读。看哪个部分，每次都不确定，我不能按自己的希望要求他。他往往是随机选读几篇文章，一边点头，一边说："不错啊。"

对于评论期刊《声音》（Voice），松下先生不仅会花上一个小时阅读刊登的内容，对上面登载的广告也充满了强烈的兴趣，经常是一边翻页，一边逐一确认做广告的这些公司，并告诉我这家公司上个月也登过广告，而这家公司是第一次来登广告……我对他的记忆力佩服得五体投地。

对于单行本和书籍，他也是以同样的方法进行确认的。看过封面、目录后，他经常会问起作者是个什么样的人。有时候，他会让我读书的序言和后记以及开头几页或整个第一章。

在我负责经营之初，PHP研究所只办有两种杂志，出版的书籍也甚少，所以松下先生的确认花不了多少时间。但渐渐地，杂志的数量增加了，书籍的出版品种也越来越多。杂志还好办，对于书籍，我只好随意选取了一些向他汇报。

一天傍晚，我像往常一样被传唤，前往松下先生的住处。

到达之后，他一边看着PHP研究所出版的书籍的广告，一边说："我没听你汇报过发行了这本书。"我答道："现在发行的品种多了，我觉得一一向您汇报会给您添麻烦，所以就从每月发行的书籍中挑选出几本向您报告。"

松下先生的表情瞬间就变了。他瞪着我，用严厉的口吻说："谁告诉你这样做的？！谁这样指示的？！"

我对他表情和语气的突然变化感到茫然。"近来，尤其是书籍的出版数量变得多起来……我怕给您添麻烦……"我重复了一遍理由。

松下先生依旧瞪着我：

"谁这样说的？你怎么能自己乱做主张呢？你觉得自己充分理解领悟了PHP的理念吗？你仅仅是在头脑中理解，就认为自己懂了，理解了。在我看来，你只是大脑中明白，但心里并没有理解。擅自判断心里不理解的东西，这样的判断不是判断。你不能做出这样的判断。不仅如此，我身为PHP的统帅，如果对这些书不过目，也对不起写书的作者们。你不懂得这些吗？"

我站在那儿，被他足足骂了三个小时。但直到两三年后，我才懵懵懂懂地理解了松下先生的这番话。有的东西是可教可学的，有的东西却无法教，也无法学，只能靠领会。知识可以传授，智慧却无法传授，最终只能自己领悟。

例如，可以教授、学习经营学，却无法教授、学习经营。运动也是一样，绝不是只学习教科书就能成为高手达人的。

经营的诀窍并不全能用语言描述，只能自己领悟。而且，领悟有时要凭经验感受到“啊！就是它”，只能不断地提高领悟力，只能有意识地去积累。

松下先生大发雷霆，是因为他觉得我对他的理念还停留在用大脑理解的阶段，还没有达到以心体会领悟的阶段。

自那件事之后，凡是PHP研究所出版的杂志和书籍，无论有多少，我都全部拿到松下先生那里，花上足够多的时间，认真地向他报告作者的情况、文章的内容、书籍的内容。

大约过了五年，一次，听完我的说明，松下先生对我说：“以后就全权交给你了，你一定要负责地进行判断。有不明白的，随时和我讲。”

那一瞬间，我觉得自己作为一名经营者在某种程度上得到了他的认可。但在那以后的很长一段时间，我依然坚持“全部汇报”的原则。我记得，松下先生听汇报时的表情平和了许多。

不劳作在先，则无法享乐

一位被称作“辩论家”的年轻的经营者曾经拜访松下先生，闲聊中，他说过这样一段话：

“日本人一般都过劳。这在以前也许可以，但如果以后还是这样工作的话，将会受到来自全世界的批判。不，现在已经被批判了。所以，我认为，今后日本人应该尽量去玩乐。不是工作、工作，而是玩乐、玩乐。学校也应该教导孩子们‘玩乐优于工作’。松下先生，您也不该说自己的爱好是工作，您应该更多地玩乐。”

那位经营者走后，松下先生对我说：“那个人说得挺有意思。你也说过要玩乐的话吧。因为人生来就是要享受人生，为了达到这个目的才去工作的，所以不该只是工作。嗯，这话没错，这种想法也有一定的道理。但‘玩乐最重要，工作其次’这种说法正确吗？还是首先应该思考工作的重要性吧。不工作，就没有钱，也就无法玩乐。当然了，也不能过劳，把身体都搞垮了。至于学校是否该教导‘玩乐优于工作’，嗯，如果要教的话，我想应该是‘工作与玩乐并重’。”

如果一个人是为自己的爱好而活，或许可以把玩乐放在首位。

但若想取得成功，首先需要工作，然后才能用自己的钱去玩乐。这个顺序是不能颠倒的。有钱人家的公子哥儿姑且不谈，一般人如果认为玩乐比工作重要，只会走上自我毁灭之路。

但有些人就像这位经营者一样，自以为是地认为现在的潮流就是不努力、不流汗地做生意和经营公司。他们叫嚷着："动动脑子吧！不得要领的人才会流汗。"这样说的人究竟是什么样的人呢？他们认为，不装模作样、装腔作势地这样说，就会被认为是落后于时代；这样说，大家才觉得有意思。但如果社会上充斥着这种论调，社会还怎么发展呢？

上述那位年轻的经营者，真的对自己公司的人也说"不要工作，要玩乐"这种话吗？如果在自己的公司里不这样说，只对外面的其他公司的人、与自己毫无关系的人说这种话，那他的言论是极不负责的，是轻率的。

当然，也有些经营者说"要玩乐，要玩乐"，其用意是"希望把工作搞得更好""希望从玩乐中得到对工作的启发""希望获取更加卓有成效的结果"。出于这种目的而这样说，是有一定道理的，这代表了一种观点。但有些人这么说，并不是出于期待你的工作、你的公司获得成功。如果对于"现在是玩乐优于工作的时代"这种话囫囵吞枣地接受，不仔细辨别，你的成功就会虚无飘渺。

松下先生非常尊敬发明大王爱迪生，他甚至在松下电器成立的中央研究所的前院建造了一尊爱迪生的铜像。

我想很多人都知道爱迪生的名言："天才是1%的灵感加99%的汗水。"任何人都会毫不犹豫地对做出了灯泡、留声机、活动电影放映机等许多划时代发明的爱迪生奉以天才的称号，但爱迪生自己却说这些都是汗水，即努力的产物。

爱迪生努力、勤奋的例子不胜枚举。他做起实验来总是废寝忘食，不顾时间，全身心地投入其中。当被问到“成功秘诀”时，他的答案是“不看钟表”。据说，他之所以发明电灯，一个重要原因是夜幕降临后漆黑一片，影响了他做实验。

我最喜欢的一郎选手也说过一句话：“如果说不努力就能做到的人是‘天才’，那我不是；如果把经过努力才做到的人称作‘天才’，那我是。认为我不努力就能打出好球，这样的想法是错误的。”不努力，是不会成功的。

工作是非人性的，玩乐、爱好则是非常高尚的事。——真的是这样吗?

“工作既是为了自己，也是为了大多数人。通过工作，能够对社会做出贡献，工作归根结底还是为了社会。玩乐或爱好则仅仅是一己之事，是以自我为中心的。虽然也可以通过爱好、玩乐结交朋友，但它总归是个人之事。”

我不否认玩乐、享乐确实重要，但我们也必须认识到工作的重要性。拼命工作，然后玩乐，这是可以的，但不宜以强调的口吻说“玩乐才是重要的”。应该说：“不能只拼命工作；拼命工作之后，玩乐也是重要的。”或者说：“为了玩乐，应该拼命工作。”

与七十多年前相比，现在的日本变得相当地富裕。但这是我们的前辈们相互合作、辛勤劳作的结果。现在的年轻人能够快乐地生活，也是我们的前辈们流汗流泪才带来的“享受”，这一点是绝对不可以忘记的。

如果在这个世界上，每个人都以自我为中心，只考虑自己，那谁来考虑全局呢？就算情况还不是这样，既然社会已经有了这样的风气，就不要再发表让这种倾向越发严重的言论来进行煽动了。也许有人认为：“全局、整体由政治家去思考就够了，政治家不就是为此而存在的吗？”但这样的话，是不能称为民主主义社会的。

有见识的人，不会单纯地赞同这样的论调，而是会讴歌人生的真谛——“先人后己是通向成功的捷径”。

媒体有时候也会选取靠玩乐或兴趣爱好而取得成功这种几百万人中才出现一人的事例来报道，但我们不能因此就认定玩乐会带来成功。之所以选取这样的事例报道，是因为它们极为罕见，也就是说是例外的，本来是几乎不可能成功的。不是这样的话，这些事例也就没有新闻性，无法成为话题了。我们需要理解媒体报道这些事例的原因，切不可单纯地效仿。真正想要成功，必须从“先流汗”开始。记住，这样做，成功的概率才会大一些。

从零思考试试看

在环境不景气时，松下幸之助先生常常说："起风时最好了，风筝飞得高。"

正是在刮大风的异常天气，风筝才飞得高。正是不景气时，经营、工作、人生才能得到绝佳的机会。这时，经营者要认真地思考经营，员工们要思考自己需要改善、改良的地方。人们要重新审视自身。

在这样的时候，松下先生经常强调："不要对现状做加法，要将现状归零，然后再思考怎么做。"总之，必须"从现在出发""从现在开始进行思考"。

昭和二年（公元1927年），松下电器制造了一种新式熨斗，比起从前装碳的熨斗方便了许多，但5日元的高价[①]让普通平民很难接受。

松下先生坚定地认为"物美价廉的产品一定会有销路"。他指示不要基于现有的熨斗去考虑新产品，而是"从零思考制作新产

①当时，一个初中毕业生的起步工资约为35日元，大学毕业生的起步工资约为50日元，一份咖喱饭大约7～10分钱，在澡堂洗一次澡花6分钱，乘坐市内电车花7分钱。——作者注。

品”。技术人员经历了一番苦战，终于开发出了定价3日元的熨斗。

类似的例子还有很多。昭和三十六年（公元1961年），位于横滨的松下通信工业事业所为丰田汽车生产车载收音机。一天，丰田突然提出即刻降价5%，以后的半年内再降价15%，合计降价20%的要求。这是因为面临贸易自由化，丰田为了与来自国外的汽车品牌竞争，不得不进一步降低汽车的售价，希望得到松下的协助。

通信工业事业所对此不知所措。本来就只有3%的利润，再降价20%的话，将会有极大的亏损。松下电器和通信工业事业部该如何应对呢？他们连日开会讨论，但无论如何也无法再降价20%了。怎么办呢？有什么办法呢？与会者时而滔滔不绝，时而苦思冥想，陷入沉默。

那天，会议室里又在反复讨论这个问题。松下先生偶然走进来，向反复研究的员工们了解情况后说道：

“确实如你们所言，丰田提出的降价要求对于我们来说相当困难。但考虑到日本汽车产业的未来，就必须在国际竞争中获胜。我认为这不仅是丰田的问题，这是为了日本，为了我们的国家。难道我们不该听从丰田，配合他们吗？我希望你们就当摆在桌上的这个产品不存在，从头开始制造全新的车载收音机，以这样的想法试试看。你们把产品摆在这儿，一直在研究该削减哪里，哪个零件该用替代品替换。把这里的产品统统都收起来。是的，就是这样，让桌上什么都没有。在什么都没有的状态下，思考怎样才能制造出符合丰田要求的产品。不是

改善改良，而是从零开始思考在不降低性能的前提下，如何制造出定价符合丰田要求的产品。大家一起想想看吧。

“如果做不到，不但我们难以维持，丰田也难以维持，日本这个国家也将难以维持。为了广大国民，我们必须做到。我知道你们辛苦、劳累，但我们不是站在一家企业的立场上思考，而是为国家着想。改变观念，回到一张白纸的状态，全力以赴吧。”

员工们被松下先生的话打动了，他们不分昼夜地反复研究、试制，研究、试制，终于在几个月之后，成功制造出价格降低了20%，却仍然有10%利润的车载收音机。

如松下先生所言，这正是变革带来的成功。改善、改革是很重要的。要日积月累，不懈地改善、改良产品，全力以赴地投入，这是至为基本的。但有时，不把今日看作存在于昨日的基础上，不对昨日已有之物进行改良，而是否定一切，“从零出发”，这样的想法也很重要。

近来，变革的重要性常被提及，它不是“改善、改良”，而是“从零起步的想法”“回到白纸的想法”。我们需要了解，“变革是异次元的想法，创造出异次元的技术与产品”，而且“它带来巨大的飞跃”。

人生的大部分是由命运决定的，但关键之处还是取决于人自身

有的时候，就算努力了也还是不行，旁人却轻轻松松地就取得了成果。为什么会这样呢？并非因为努力得不够，已经付出了相当大的努力。自己反思一番，该做的都做了。是有命运这种东西存在吗？无论如何努力，却因为命运，努力变得毫无意义了吗？我们都曾这样想过吧。

“想想我自己，我觉得我的人生90%都是命运造就的。就拿我从事的工作与电气相关来说吧。如果我不是在大阪，而是在别的地方，我又会做什么工作呢？如果我没见过电车，就不会萌生要从事电气相关的工作的念头吧。我碰巧在大阪，看到在大阪的街道上行驶的电车，想到今后是电气时代，从而决定从事电气方面的工作。于是，我辞去了自行车铺学徒的工作，进入大阪电灯公司（现关西电力）。是我自己决意从事电气这行的，这是个偶然。我去大阪是偶然，我在那里偶然看到了电

车，结果才有了现在的自己，这是命运。这让我深刻地感受到人的一切几乎都是命中注定的，我从心底感谢这种幸运。”

有人反对这种想法，认为人生不存在命运，全凭一个人的努力与实力造就，是努力开创了人生的全部。也有很多人认为对于人生来说，努力的因素很大，命运的成分极小。按照这种想法，一个人只要努力，就一定会成功。然而，现实并非如此，人生不可能完全按照自己的意志发展。

人们常说，为了成功要付出努力。但有时，自己和别人同样付出了努力，别人成功了，自己却没有成功。这绝不能说是因为我们努力得不够，我们只能认为失败、不顺利是命运使然。我们应该想到，每个人都肩负着一种命运。但如果就此认为，归根结底都是命运决定的，命运决定了一切，努力也没用，不用辛苦流汗，也是不正确的。

“命运占90%，意味着剩下的10%对一个人而言极其重要。这10%决定了自己被赋予的人生的完成度，是举足轻重的10%。人生的大部分也许是由命运决定的，但关键的地方还是要靠人类自身。”

作为日本人出生，生于这个时代，绝不是出自我们自己的意愿。出生于什么样的家庭、环境，都是命运。也许有时我们会期待生在一个恩泽深厚的环境里。但松下先生来自于一个几乎一无所有的环境，仍然收获了巨大的成功。

“假如人们是一条船。我们自己是一条大船还是一条小船呢？这或许是由命运决定的，但重要的舵却是能够由我们自己来掌握的。这艘船是否能飘洋过海，安全抵达目的地，取决于舵，即剩下的那10%。”

无论是身为鹰却想变成雀，还是身为雀却想变成鹰，作为鹰、作为雀都是命运，是无法改变的。必须认清这一点。鹰和雀都必须为生存而努力，这样鹰与雀才能取得各自的成功，开辟出属于自己的成功之路。松下先生认为这就是命运与努力。

“所以，不能因为命运占90%就不努力，也不能认为努力就一定会成功。但成功一定离不开努力，靠占10%的舵尽人事，占90%的命运才会有不同的表现。生存方式决定了自己被赋予的命运能否得到改变。相较于生来是鹰，却没有发挥鹰的能力而一败涂地，生来是雀，充分发挥雀的能力而大获成功更具有价值。”

虽然我们对自己的人生有无能为力的地方，但对于重要的这10%的部分，我们都应该不遗余力地努力。能这样理解，就会谦虚地接受自己被赋予的人生，就会如鹰与雀一般拼命地努力，胸怀坦荡地行走在人生的大道上，铿锵有力地迈步前行。

人皆为王

如果我们能如松下幸之助先生所言，树立起“人皆伟大，人皆为王”的观点，就能相互尊重，互致敬意。

“你很了不起，你有我缺少的能力与才华。”——如果你能抱着这种想法与人接触，则对方也会觉得你是个优秀的人，是个非同寻常之人。但如果认为“人类的存在是卑微的，是微不足道的”，就会轻视周围的人，觉得这个人不行，那个人不好，另一个人又太愚蠢。反过来想想，你周围的人会帮助看不起他们的你吗？会对你心悦诚服吗？

“你从事经营，心里也应该有人皆为王的想法。这很重要。你应该认为每一个员工都很优秀，每一位客人、每一位路人都很了不起，都有伟大的才华。与员工交谈时，你不能抱着此人一无是处的想法；对于昨天新来的员工，你不能怀有对方什么都不懂、没有能力的心念。要看到部下的伟大之处。与人接触时，如果只看到他的衣着打扮或头衔，这样的看法是贫弱

的。要看一个人的本质，看这个人是否优秀，是否有过人的能力，是否有自己不具备的才华。当你认为所有的人都是伟大的，都是王者，你自然就会那样想了。”

如果认为人皆为王，人类是伟大的存在，就会很自然地“去问问这个人的意见”“去听听那个人的见解”，或者产生“我把工作交给这个人，他一定会好好干”的想法。这样一来，对方也会不辜负你的信赖，做出超出你期待的成果。

这种想法的深层来源是“人类是伟大存在”的人类观。缺少了“一定要重视人类尊严”的人类观，所进行的经营就只能是停留在口头的、用大脑思考的肤浅的经营，就不会具有深刻的经营理念。没有这样的人类观，就算对对方说“我相信你”“信赖你”，也会很快就暴露出这些话的虚伪与不真实。看不起对方，就不可能信赖对方。

我敢断言，松下先生首创的“众智经营”“全员经营”“提案制度”“事业部制度”“自来水哲学”，全都产生于先生的人类观和人生哲学，并非出自有助经营、有助生意这个层次的想法。松下电器的一切思想都源于松下先生的人类观。撇开松下先生的人类观去讨论松下先生的经营，就和不加入咖啡粉来讨论咖啡是一样的。我们一定要牢记，松下幸之助先生的经营与成功的一切，都源于先生的人类观。

缺少了这种人类观，即使做的事和松下先生所做的分毫不差，最终的结果也会是完全相反的。无需多言，其结果必将朝着不好的方向发展。

“对经营者而言最重要的是这种人类观，是如何看待、理解人类。对此不好好领悟，经营是不可能取得巨大成功的。它是一切经营的出发点。必须牢记这一点。这种人类观是经营中的第一粒纽扣。第一粒纽扣扣错了，后面的纽扣就会错位，最后就无法把一件衣服穿好。”

不仅对于经营来说很重要，一个人的人生有什么样的人类观，也是在任何时代都被提及的问题，它决定了一个人能否成功。成功的秘诀不仅是有人类观，还取决于有什么样的人类观。

第四条　培养众人之智

你的声音真好听啊

对于这个突如其来的提问，我没有半点犹豫，毫不迟疑地答了出来："赫尔曼·卡恩是美国哈德逊研究所的所长，是一名未来学家。他提出'21世纪是日本的世纪'。"

为什么我能对答如流呢？因为当时我国的政治家频繁地引用赫尔曼·卡恩的话——"即将到来的21世纪是日本的世纪"。他们宣称"日本的发展和成长证明了我们这些政治家的政策是没有错误的"，仿佛日本的成长发展都是政治家的功劳似的。我觉得政治家的力量虽然功不可没，但"全体国民的力量"更加重要。然而，政治家的这些言论却被报纸、电视大肆报道。

我为自己能给出问题的答案而产生了一种满足感，心想太棒了。平时，我总是回答"我调查一下"，这次我却马上就答了出来，心里仿佛一块石头落了地。

听了我的回答，松下先生轻轻地点了点头，说："是吗？知道了。"我心满意足，整个下午心里都美滋滋的。

但第二天，我和松下先生聊天时，他再次问道："赫尔曼·卡恩要来了，你知道他是个什么样的人吗？"嗯？我有些诧异。头一天松下先生刚刚问过相同的问题，怎么回事？他忘记了吗？我一边疑惑，一边重复了一遍昨天的回答："赫尔曼·卡恩是美国人，是哈德逊研究所的所长，他提出21世纪是日本的世纪。"我只知道这些，而且我觉得这样回答就足够了。

听了我的回答，松下先生再次说："啊，是吗？"看来，他还真是忘记了昨天问过我这回事。不过，这也不足为奇。我们很快又把话题转到了其他事情上。

然而，又过了一天，我们在松下先生京都私邸的沙龙谈话时，他又问："赫尔曼·卡恩要来了，你知道他是个什么样的人吗？"这是先生第三次问同样的问题了，不满的情绪在我心里升起，我甚至感到了愤怒。怎么回事？就算我是个平庸之辈，他也该认真地提问，记住我的答案啊。我心想先生也太漫不经心了，并露出一丝不快的表情。

松下先生似乎毫不在意我的表情，他追问道："你知道吗？"既然他发问了，我就必须回答。但我要如何作答呢？我只有之前的那个答案——"赫尔曼·卡恩是美国哈德逊研究所的所长，是未来学家，他提出21世纪是日本的世纪。"我肯定地给出了相同的答案。

对于我第三次给出完全相同的答复，松下先生面不改色地说："是吗？他是那样一个人吗？"

我的心情久久不能平静。怎么回事呢？要是时隔一周提出这个问题，我还能理解，但连续三天问的都是同一个问题，这究竟是怎么回事呢？都说先生擅于培养员工，擅用部下，这哪里是擅用啊？

说实话，我真希望他适可而止。

那天下午，我的心里非常不快，一股怒气堵在心头，心情沉重地过了半天。就算我是个等闲之辈，是个新手，既然要问，就该好好问，认真听。我是认真作答的，他也应该记住啊。要是明天他还问我同样的问题，我一定要让他知道这三天我都回答了同一个问题。

但傍晚，我送松下先生乘车离开时，突然觉得我该好好想想这个我一直没搞懂的问题。

这三天，松下先生问了相同的问题，我也一直重复着最初的答案。啊，或许先生并没忘记自己提问过，只是因为我的回答不够充分，他才屡次重复提问的。他是不是想知道得更详细一些呢？是的，一定是！

我直奔书店，在架子上搜寻到赫尔曼·卡恩写的一本650页厚的书——《公元2000年》，自费买下，然后匆忙回到PHP研究所，来到自己的坐席上，争分夺秒地看了起来。但650页的书相当厚，不可能在两三个小时内就仔细地看完，就是跳着看，也还是进展缓慢。

赫尔曼·卡恩是个什么样的人物？有什么样的经历？有什么样的观点、主张？他为什么说21世纪是日本的世纪？我做了3页纸的记录。

晚上，我跳跃式地选取重点章节阅读，一直读到凌晨1点半，总共花了7个多小时。嗯，这下好了，这样我就能向松下先生报告20分钟了。别说是今天上午了，就算一大早被提问，我也能马上详细地答出来。虽然还不能说准备得很充分，但肯定比之前答得好。这么一想，我不禁有种跃跃欲试的感觉。

已经过了凌晨1点半了，我躺在会客室的沙发上打算睡一小会儿。但精神专注地投入一番之后，人格外清醒，怎么也无法入睡。

我干脆坐起身，拿出录音机，准备给归纳了3页纸的记录录音。可我在朗诵方面是外行，很不专业，无法做到一气呵成。寂静的深夜陪伴着我，一直到凌晨4点半，我的录音才总算完成了。

在清晨和松下先生会面之前，我睡了两三个小时。可能由于完成录音后的安心感，也可能是累了的缘故，我迷迷糊糊地睡着了，等再看表时，已经过了6点半。虽然只睡了两个多小时，我却倦意全无。我盼着松下先生今天也问："你知道赫尔曼·卡恩这个人吗？"我时不时地从西装内侧的口袋里掏出那3页记录看看，在心里嘟囔着希望他今天再问一次。当然，我也把录音带装进了上衣的右侧口袋里。

松下先生来了。"快提问我吧，请提问我吧。"但无论我在心里如何叫嚷，松下先生却一直说些与此毫不相干的工作上的事和下达指示，就是不提赫尔曼·卡恩。昨天我还对他重复提问一肚子地不满，此时想的却是哪怕他再提问一次也好，请您问问我赫尔曼·卡恩是个什么样的人吧！

"您要忙起来了啊。""外国客人要来了啊。"我故意把话题往那上面引，但他只是应道："嗯，嗯。"不知不觉就到了中午。

在午饭端上来之前的大约10分钟，我正和松下先生闲聊，他突然说："很快……"他的话才刚开头，我便忍不住说道："赫尔曼·卡恩要来了。"我那时也真是够年轻气盛的。

"是啊。你知道他是个什么样的人吗？"

被他这么一问，我乐坏了。我至今仍记得自己当时的高兴劲儿。我一改昨天的郁闷，兴奋激动，高兴极了。我迫不及待地从内侧口袋里掏出昨天写至深夜的记录，细致地向先生进行说明，足足讲了20多分钟。

松下先生一直在听我说，对端上来的午饭连筷子都没碰一下。听完我的讲解，他笑了："嗯，明白了，明白了。你真是个了不起的老师啊。21世纪是日本的世纪，这也是有好多前提条件的呢。"他点了点头。

我清楚地记得，在头一天之前，松下先生都只是说了一次"明白了"，但在那个中午，他却连着说了两次——"明白了，明白了。"

那个下午，我感慨不已，心情特别舒畅。

傍晚，松下先生上回家的汽车时，我突然注意到我还没有把录音带交给他。我从上衣口袋里掏出录音带，递给了坐在车里的松下先生："晚上有时间的话，请您听一下吧。"

"哦，好的。"松下先生接过录音带，随手放在坐席的扶手上。我心想，放在那个地方，下车时他一准会忘了吧，今晚他可能不会听吧。虽然如此，今天向他做出详细报告带来的满足感、彻夜努力得到了回报而产生的喜悦使我很快就忘了录音带的事。

第二天早上，松下先生的车到了。平时都是我打开车门，然后我们互问“早上好”。但那天早上，我对他说“早上好”后，他却一言不发，默默地从车上下来。瞬间，我开始浮想联翩：他今天心情不好吧？昨天晚上碰到了什么事吧？……

松下先生下车后，就站在我的对面，一动不动地盯着我。虽然仅仅是短暂的10秒或15秒，我却感觉有10分钟、15分钟那么长。我不知所措。这是怎么了？为什么呢？我紧张得脑子里一片空白。他会说些什么呢？

隔了片刻，松下先生对我说：“你的声音真好听啊。”

听了他的话，我心头一热，眼泪都快掉下来了。他没有说：“我听过录音了。”“我明白你的讲解了。”一句“你的声音真好听”，包含了“你察觉到了啊”“你查得很细致”“你汇报得很详实”等一切，至少我是这样认为的。我与他心灵相通，我能清晰地察觉到，他听了我灌制的录音；不仅听了，还认可了我的努力和我的领悟；不仅如此，他也对我的讲解内容给予了评价。松下先生的“你的声音真好听”这句话向我传达了他的一切所思所想。

我感慨万分，眼泪在心里流淌。说得夸张点，在那一刻我甚至想：“为了他我可以去死。”那时年轻气盛的我真的就是那样想的。

我写下这件事，并不是只想表达我有多感慨。松下先生反反复复地向我询问同样的问题，并不是想看部下答得好还是坏，他优先考虑的是“要培养这个员工”。因此，他并没有立刻指出“那样回答不行”。直接指出对松下先生而言再简单不过了，但出于培养人才考虑，他希望“让部下自己意识到”“让部下自己去思考解决问题的方法”，因为那才是最有利于部下成长的。他屡次提出相同的问题，从不斥责我，只要时间允许，都耐心地等着我自己觉察，对我实施“领悟教育”。每当想起这些，我都对松下先生充满了感激之情。

重复同样的问题，一边反复提问，一边耐心地等候“部下自己意识到”。“那个不行。”“那样的答案不能算是回答。”“你没什么用。”我在松下先生身边工作的二十三年里，他从未和我说过这样的话。他总是耐心地提问，反复地说，直到我领悟、觉察。松下先生就是这样培养年轻人和部下的。直到今天，我始终感受到先生的这种爱和鲜明的理念。

先放一放吧

“领悟教育”不仅体现在赫尔曼·卡恩这件事上，松下幸之助先生培养部下的基本思想就是让部下自己领悟。对此，我想再讲述一件事。

“我写过一本书叫《PHP之语》，我想出个修订版，但因为是很久以前出的书了，需要对部分内容进行修改或重写。麻烦你看看，如果有需要改动之处，请告诉我。”

只有我和松下幸之助先生两个人参加的针对他的“人类观”的研讨学习会，大约进行了三周的时候，我接到了来自先生的这番指示。

这个研讨学习会我进行起来相当吃力。学习会是在日式房间内进行的，松下先生端正跪坐，我也不得不跪坐。由于不习惯跪坐，我的腿又麻又疼，甚至失去了知觉。再加上学习会开始时正是7月上旬，天气炎热。尽管是在电器制造商大老板的私邸举行，却连空调都没有，我热得汗顺着脊背往下淌。房间四周通向走廊的玻璃门都敞开着，庭院里蝉鸣嘈杂。为了让松下先生听见，我不得不大声念稿件。

研讨学习会每天早上进行4个小时，中午再4个小时，渐渐地，我不仅嗓子痛，还头晕。我天天都在和“疼痛”“暑热”“难受”这三重痛苦斗争，每天我还必须把先生指示的内容在当晚完成，次日早上就要向他报告，回到家后都是夜里9、10点了。

我的每一天都是在极度繁忙中度过的，松下先生为什么还要在此时指示“我想出版修订版，你看看哪里需要修改、订正”？松下先生应该知道我每天的工作有多繁重，他可以指示其他人去做。老实说，这让我有些不快。而且，每次我问：“修订版需要在什么时间之前完成？”他总是回复：“嗯，尽快吧。”

松下先生明知我每天都要和他开研讨学习会，工作到很晚，这是在怎么交代工作啊？号称善于用人的名人就是这么下达指示的吗？哪里是什么名人啊？我心里燃起不满的怒火。但我迫不得已，必须做这件事。

《PHP之语》是松下先生于昭和二十八年（公元1953年）出版的一本书，它凝缩、归纳了松下先生实现人类和社会的日益繁荣、和平与幸福的理念和策略。这部400页的巨著包含了“繁荣的基础”“人生的意义”“自然的恩惠”“调和的本质”“人类的目的”等四十个主题。接下来的一周，我几乎每天都在彻夜研读《PHP之语》。

这部著作问世于战后不久，时代、状况、措辞用语都与现在有所不同，不仅需要做很多补充，有的地方还需要重写或加进一些说明性的语言。如果只是写个读后感的话，或许可以偷点懒，选取部分内容阅读，然后归纳报告。但出版修订版就不能这样了，需要一字一句仔细确认。我拼命加速阅读，但还是花了一周的时间。

一周后的一个深夜，我总算看完了全书，完成了修改。第二天一早，我向松下先生报告准备好了修订一事。

“是吗？说给我听听吧。”那天上午，我们中断了学习会，由我说明《PHP之语》修订的方案。“这个内容在上一页是这样写的，统一表达方式会比较好。”“‘黑市’这个词现在的人不明白，加进这个说明如何？”……我逐一阐述了自己的想法。

“嗯，嗯。是吗？是吗？”松下先生认真地听完我的报告，点头说道，“这样好，这样好。”

我想自己彻夜研究的辛苦总算没有白费，请示松下先生：“那么，我就着手安排修订吗？”

但他的回答却出乎我的意料：“嗯，先放一放吧。”

不是您说要出修订版，让我读的吗？怎么回事？明知我很忙还催着我读，怎么又让我先放一放？瞬间，胸中一股怒气涌上来。

但不久我就觉察到了自己在和松下先生“会话”。以前，我只会说“是的”“确实如此”“明白了”“我去确认”，现在的我却是在和松下先生进行会话、展开议论。我立刻明白了。我在理解了的同时，对松下先生的体贴产生了深深的谢意。

是的，也许松下先生与我展开对“人类观”的讨论后，想：“江口可真靠不住，都没有理解我的想法。”他对我的回应方式感到不满，但他并不说出来。他想，如果说想出版修订版的《PHP之语》，指示我读书的话，我就只好一字一句地去读，这样就达到了让我学习的目的了。

虽然有些迟缓，我还是领会到了松下先生的体恤。我为自己愚蠢的恼羞成怒感到羞耻。这也是松下先生的“领悟教育”吧。

松下先生本可以直言不讳：“你要多学习。”他冲我发火易如反掌。他也可以说：“你不理解我的想法，要加强学习。看看《PHP之语》吧。”或者“你真没用，和别人替换一下吧。”PHP研究所的本部有很多优秀的研究员，找个替代我的人容易得很。但松下先生没有那样说。

如果命令部下“多学习”，部下是会学习的。但和自己主动学习相比，结果会相差十万八千里。因为这样的话就无需思考，只要按指示行事即可，部下会缺乏自主性，不去主动解决课题，成为被动之身。

松下先生之所以不高高在上地下达命令，正是因为他坚持的“人类观”认为“任何一个人都具有无限的价值，都是高贵的存在”。为了调动人的无限价值，他想方设法地让部下自己去领会。这样，部下才能成长为更加优秀的人才。这是松下先生的根本想法。

松下先生拥有想要培养部下的强烈想法和愿望。正因如此，他才生发出调动部下的无限价值与自主性的智慧、让部下主动思考和领悟的智慧，即多次提问相同的问题，提出想要出修订版，不经意间让部下主动去学习。

没有比向部下发问更划算的了

“倾听部下是很重要的。多听听部下的话，是一件非常划算的事。”

一次闲聊中，松下先生这样对我说。

确实，松下幸之助先生经常向部下发问；部下说话时，他总是探出身子，注视着对方的目光，边轻轻点头边聆听；遇到自己不明白的地方，他表情平和，毫不迟疑地反问。然而，这些简单的事起到的效果却不容忽视。

松下先生“向部下发问”的做法带来四个益处：

第一，“激励部下学习”。

被地位高于自己的人提问，部下最初可能会有种种想法，但逐渐地就会生出“我平时多学点东西吧”的念头。

遇到突如其来的提问，往往回答得不尽人意。尽管如此，松下先生仍然和颜悦色，反复地问。重复的次数多了，部下心里就会想：“我要学习。”“平时我要收集信息。”“下次被提问，我要能立刻回答上来。”他们主动学习，获得信息、知识与智慧。于是，部下的水平得到提升，成长起来。这就是向部下发问的第一个好处。

第二，“激发部下的干劲”。

上司倾听并赞许自己的意见，是件令人开心的事。想到“这个人信赖自己”“自己得到认可”，就越发干劲十足。有了干劲，没有人指示，部下也会自发地思考自己的工作方法与成果，做出超出预想的成绩。这样一来，也就更加注重学习。

上司时常来询问、征求意见，部下就越发觉得受到信赖、依赖。没有什么比“被信赖”更让部下喜悦，更让部下感动的了。这种感动在公司内扩散开，公司的发展会超出上司、经营者的想象。

第三，“轻而易举地收集到信息”。

尤其是在今天这个“超信息化时代”，获得有用的信息变得越发重要。亲自上前询问、收集信息当然也很重要，但最好的方法难道不是不用跑腿，什么都不做，坐等信息到来吗？

多次礼貌地面带微笑进行询问，逐渐地，部下就会主动带来信息：“有这么一个情况。”“我搞到这么一个信息。”“这个主意怎么样？”部下认为“要是我把这个消息告诉社长，他一定会高兴的”，于是干劲猛增，主动学习或源源不断地提供自认为是最好的信息。没有比这更划算的了。

松下先生体弱多病，很多时候甚至无法走出卧室。他能运营一个如此庞大的企业，就是因为有源源不断的信息到来。他像钱形平次[①]一样拥有八五郎，区别在于，平次的信息来源只是八五郎一个人，而松下先生的信息来源却经常多达数百人。

第四，“发问的上司受到尊敬、仰慕”。

有的人为询问他人而感到自卑，何况是问部下，这可是关系到上司的面子与威严，担心会被部下小瞧。不仅如此，上司还总是企图显示出自己是何等地优秀。

虽然上司的这种心理不难理解，但如果这样对待部下，不但部下，就连外人都会和他背道而驰。当然部下嘴上是不会说：“他说起话来很傲慢。”“有什么好威风的。”“知道点皮毛就大肆宣扬，以为自己是谁啊？”但在心里他们岂止是不满，还会产生抗拒心理。这样的上司会被敬而远之，还会在暗地里遭到批判、谩骂。

但如果上司向部下请教，请部下提出建议，部下会觉得：“上司会听取我的意见。”“这是一位信赖我的上司。”“不妄自尊大，是个了不起的人。”这样，部下不仅会对上司产生亲近感，还会敬慕上司，觉得“这是一位听取我们部下、员工意见的上司、社长”“是个优秀的人、了不起的人”“是自己引以为目标的人”。这就是“向部下发问”的第四个好处。

① 小说《钱形平次捕物控》中的虚构人物，日本作家野村胡堂笔下的名侦探。

向部下发问，部下会主动学习，不断成长；会拿出干劲，努力投入到工作中。对上司而言，则既能收集到丰富的信息，又会受到他人的尊敬、仰慕。

向部下发问好处多多。我再次想起松下先生的话——“作为经营者，没有比向部下发问更划算、更快、更好的方法了。”

这个意见不错

“倾听部下时，需要注意不要评价部下的讲话内容，不可说好或坏。要对部下与上级交谈、提出建议的诚意、努力与勇气予以肯定。”

从社会问题到市井杂谈，我也曾被松下幸之助先生问起过方方面面的事。有时，我们的谈话还会涉及松下电器的社长人事问题。虽然我对这方面有种种困惑，可还是按我的理解去回答。但无论什么样的问题，也不管我回答得如何，就像上文提到的那样，松下先生从来没有说过“那不行”“那毫无意义”“你说的这些我也想过”。

无论说的是什么，就算部下的回答对松下先生起不到丝毫帮助、毫无意义，他也会表现出很钦佩的样子说：“嗯，这个想法不错。”“这个意见好。”“原来还可以这样想啊。”

部下前来汇报工作，松下先生即使正忙，也几乎从来不说：“我现在没空，你回去吧。”只要时间允许，健康状况允许，他都洗耳恭听。

每次向人发问或倾听他人，松下先生总是表现出很佩服的样子，赞叹不已。受到松下先生称赞的部下，无论是一般员工，还是高管、资深元老，都满心欢喜、心满意足。他们暗下决心："今后不管什么信息，都要提供给松下先生。"

表现出想要倾听的姿态，部下就会源源不断地带来一切信息。称赞、佩服部下，他们会带来更多的信息。松下先生虽然体弱多病，却比十万多名员工里的任何一个人掌握的信息都更丰富。

对于部下来说，向上司汇报工作是紧张的瞬间。因此，当部下努力汇报、发表意见后，如果对他们说："你讲的这些没有什么价值。""这些事以前就在做，没什么用。你难道没有调查过吗？""你说的这些我早就知道，没必要听了。"部下会作何感想呢？大概再也不会主动带着信息来上司这里了吧。上司也就再也获取不到任何信息了。部下对其敬而远之，最后还可能导致公司的败落。

不听取部下意见的上司，是失职的上司。松下先生"向他人发问"的姿态，不仅对社长、上司等负责人员、管理人员极具意义，对一般的人际关系乃至整个人生也具有参考价值。

哪怕是一些毫无实质性内容的话、重复听过多次的信息，松下先生也都认真地倾听。这不仅是出于对谈话内容与信息的关注，更是由于对前来汇报、提供信息者的感谢。

有时，倾听的是部下的"热情"，而不是内容本身。如果部下总是比社长、上司等负责人提出更好的建议、意见，这说明部下更加优秀，那岂不是应该将负责人与部下的职位做一下调换？但多数情况并非如此。

松下先生认为，部下提出的几次建议中能有一次是不错的，那就足够了。松下先生是这样感悟的：

“与内容相比，尤其要对部下来找上司交谈的姿态、行动予以称赞。首先应该肯定部下来找自己的热情，部下所言的内容、建议可以放在其次。这样才能激励部下不断地学习，和上司交谈，提供信息，提建议，出主意。思考如何能让部下带来各种信息，才是最重要的。”

最初，松下先生赞赏我的意见、建议，我内心一片欢喜：“太棒了！自己的意见被采纳了，被采用了。”但过了一段时间，等到具体实施时，我才发现松下先生并未采纳我的意见。尽管他对我说“你说得不错”“你的话非常值得参考”，但却完全没有采用我的意见。我想：“什么啊？原来只是在口头上表扬我、赞同我啊。”其实并非如此。后来我才逐渐弄明白，松下先生并不是只在口头上肯定。虽然从表面上看，我的意见没有被采纳，但所有人的意见、建议都被松下先生装在了心里。

松下先生在推广自己的想法时，总是尽力了解多数人的意见、建议、想法，集众人之智。其中也会有反对意见，但换个角度看，这就和别人告诉我们在前进的道路上有陷阱、水坑是一样的。

有的人说：“这个事在这个地方存在问题。”“这件事出于这个原因，还是不做为好。”然而，松下先生对此并不介意，他把这些反对意见看作是向他指出需要推进、致力解决的地方。所以，越是反对意见，松下先生越是认真地倾听。认真听取不同的意见，可以回避危险。松下幸之助先生终其一生都未曾在事业上有过大的失败，就是因为积极地向众人发问、倾听，实践着“众智经营”。

当然，松下先生在心里归纳、决定了最终的结论，而且一直坚持实施，所以才会成功。松下先生的经营是征求并参考多数人意见的经营，正如他自己所言，是“依靠众智的经营”。

“众智经营”与“多数表决经营”是截然不同的。“众智经营”是归纳自己的想法后，“不偏向、不拘泥、不受限”，以坦诚之心倾听并参考多数人的意见、建议，得出最终的结论。松下先生把一切意见、建议、谏言装在心里运谋，因此会认真地倾听。

“众智经营”离不开经营者，但“多数表决经营”并不需要经营者。如果是因为大家都这样说，或多数员工都这样说，或世间都这样指出，或学者们都这样论述，而决定这样做，则无需经营者、负责人、上司。这是“多数表决经营”。

将多数人的话、意见、谏言、提议放进“思考的熔炉”，对自己最初的想法进行留存废弃（奥伏赫变[①]）作业，并实施最终的结论，经营者、负责人、上司的绝对责任由此形成。这才是松下幸之助先生的“众智经营”。

---

① 哲学名词，德语aufheben的音译，意为扬弃，包含抛弃、保留、发扬和提高的意思。

我们把话题转回“发问”时的心理准备吧。

松下先生经常看电视上放的《MAGAIMON》（历史剧）。我就用前面提到过的钱形平次和他的喽罗八五郎的关系来打比方吧。

只听八五郎大叫着：“老大，不得了，不得了！”穿着草鞋慌慌张张地从走廊跑进屋来。平次问：“怎么了，出了什么事？”

他是探出身询问的，所以八五郎才想要在第一时间把信息带给他的老大。

探出身询问是什么信息，这很重要。这一瞬间，无论什么信息，八五郎都会想以最快的速度传递给老大。是的，“无论是什么信息，都让人带来”，这样的姿态是最重要的。

如果平次说：“你带来的信息没什么用。”那八五郎就不会再来了。他再也不想去那样的老大那里。这样想是人之常情。如果老大让八五郎产生了这样的想法，那么一切就都完了，他再也不会得到什么信息。

或者部下在进行报告之前，先对内容的好坏自行判断。这样，对社长而言的重要信息，被部下做出了鉴别，也许就会出现遗漏。对部下而言看似平淡的信息，可能对负责人来说是极其重要的。信息是否重要，应该由负责人自己来判断。

信息的内容是有益或无益，负责人应该在心里做出判断，不要当着部下的面判断，不要对其带来的信息评头论足，这很重要。在这个超级信息化的时代，对领导、负责人而言，重要的不是得到什么样的信息，而是拥有几位像八五郎一样能带来“第一手信息”的人。

在钱形平次那个时代，有一个八五郎足矣，但在今天这个时代，需要有十位、二十位，不，需要一百位、二百位“八五郎”。

你有几个“八五郎”呢？你是否有将他们各自带来的信息碎片整合在一起的能力呢？

“负责人在心里、在头脑中品评内容即可。部下竭尽所能地思考、研究、提出建议，一般都不会太偏离重心。经营者将众多智慧在头脑中加以组合，自己思索，得出结论，做出决断。大体上来说，这样就能够推动经营。”

倾听部下时，有时会碰到其他人说过相同的内容，或同一个内容反复出现的情况。对此，不能觉得麻烦。

不过，倾听重复的内容或信息并非易事。三次听到相同的内容，我也会不由得说：“听说了，听说了。”我深深地体会到，对于这样理解了也难以做到的事尤其需要注意。

实际上，不同的人反复带来相同的信息，意味着很多人对此关注，由此可知现在多数人的关注点，可知当今社会的热门话题。这样思考，有时也能发现新的商机。

倾听部下需有耐性

“培养部下是需要耐性的。什么？诀窍吗？我也不太清楚。指导、不指导，不指导、指导。就是这些。”

人才的培养、人的培养是需要时间的。众所周知，有一句话这样说：“一年之计，莫如树谷；十年之计，莫如树木；终身之计，莫如树人。”（管子）种庄稼要一年，栽种树木要十年，培育人才要百年。这需要耐性。但很多人就算明白了这个道理，也往往等不及。我对培育人才之难感触颇深。

我有很多时间与松下幸之助先生闲聊，我觉得自己是在闲聊中被培养起来的。现在想来，先生对我的培育真的是极有耐性。

教育和“除掉夏季草坪上的杂草”极为相似。一次除草后，杂草也并非一个夏天都不再生长出来。拔掉了杂草，两三天后它还会再长出来，还要再除草。经过反复地清除，才能维持草坪的平整。

教育也一样。如果认为教过一次、讲过一次、说明过一次就可以了，就不用再教育了，说明并没有理解何为教育。教育需要反复、耐心地进行下去。这种重复才是教育，这种耐性才能培育出部下，培育出人才。

“听部下讲话时，没有耐心可不行。负责人因倾听而受益颇多，但负责人也要有一边听一边培育部下的觉悟。”

没有一定要培育部下的想法，是不可能耐心倾听的。根据松下先生的经验，十个人中，最初有两个人能立刻理解他的想法，有六个人的理解程度一般，还有两个人无论如何都理解不了。但这是正常的。不可能十个人在一开始就全都理解。所以，负责人没有必要因此而烦恼或恼怒。对全员的教育、对所有部下的培养是需要耐性的。

虽然如此，耐心坚持培育部下并非易事。要把闲聊也当成是培育部下的好机会。

松下先生经常与我闲聊。有一次，他说：“上次看电视时，有个人说了这样的话。虽然以前我从未在意过，但他讲得实在太好了，真了不起。”他讲那个人的事，实际上是教育我要以那个人为目标。

还有一次，他说：“有位相声表演家说要善始，打好基础很重要。活跃于相声界的泰斗能有这番领悟，其想法可谓与众不同，真是个了不起的人。”这也是松下先生在闲聊中，自然而然地教诲我善始的重要性，要我重视基础。

我在负责经营之后，在与员工接触时也试着模仿松下先生“通过闲聊进行教育”“反反复复地教育”。

闲聊时，部下不会太紧张，我的话更能渗透到他们的内心。现在，我热衷于SNS，尤其是Facebook（脸谱网）。我曾经的部下T，在他的Facebook上连载十几年前我在闲聊中对他说过的话，而这些话我早已忘得一干二净了。不只是他，很多以前的员工见到我时，也常提起我曾经对他们说过的话。他们能够记得这些，也可以说是闲聊的功效吧。

我从松下幸之助先生那里学到，在放松的状态下，以“海绵般的柔情”和“菩萨心肠”教育部下，要比在紧张的状态下，以“冰冷之心”“铁石心肠”教育部下更有效果。

你对工作是怎么想的?

“你现在过来一下。”

我接到松下先生打来的电话，已经过了傍晚5点。听声音，我能感觉到他的心情不太好。这可不太妙，我必须马上赶去。但是出了什么事呢？他又要因为什么批评我呢？我的内心有些胆怯，连忙赶往松下先生那里。

在松下先生心情不好时我还磨磨蹭蹭地，会让他更加焦躁，也会使他的怒气倍增，所以我把文件放在桌上，急匆匆地奔出了家门。

到了先生家，我战战兢兢地拉开房门进去，问候道：“晚上好。”但却没有回声。松下先生坐在沙发上，面前打开着一份报纸。

“晚上好。对不起，我来晚了。”我说道。

松下先生的脸上看不到一丝笑容，他皱着眉，一脸严肃，看着伫立在那儿的我，用严肃的口吻说：“你对工作是怎么想的？最近你一直强调利润的重要性，总是说利润、利润、利润。”

要是往常，不等松下先生发话，我就会坐到他旁边的沙发上，和他共同进餐。但在他这番语气强烈的开场白后，我不好坐过去，只得站着听他训斥，当然，也不像平时那样有饭吃了。

他勃然大怒，不停地对我严厉地质问：

“你为什么要说利润、利润？你觉得我们的工作怎样做才是正确的？”

松下先生不主张利润至上主义，他认为向社会奉献、贡献是第一位的。依照奉献、贡献的程度，最后获得利润。特别是PHP研究所，它将“造福社会、造福人类，呼吁通过繁荣实现为社会带来和平与幸福的想法”作为基本理念。

面对他的质问，我低声回答了上面那些内容。

他接着问：“你明明知道，为什么还要对员工说利润、利润？这是怎么回事？”

看着不停叱责我的松下先生，我心想，我也没有像您说的那样强调利润、利润啊。

公司自创业以来从未实现过盈余，至少要让员工们知道利润的重要性。如果不指出利润的重要，公司就会继续亏损。这不是挺正常的吗？究竟是谁对松下先生说了这番话呢？我满脑子想的都是这些问题。或许我是说得有些过头了，应该首先向社会宣告推广“创建更好的社会”的想法。我一面自省，一面又觉得松下先生也不至于如此动怒啊。

松下先生说得没错。但现在利润也并没占据重要的位置啊。再说，工作是有流程的，未必都能按照一贯的做法去做，我也告诉过员工我们的基本理念啊。我脑子里如同霓虹灯般忽明忽暗地闪过要进行的辩解。

我想辩解，但在当时的气氛下无论如何也无法说出口。我一动不动地站在那里，听他教导。我偷偷地瞟了一眼表，已经过去一个小时了。该结束了吧。今晚这里是不会管饭了，家里会不会给我准备饭呢？我嘴上说着反省的话，脑子里想的却全是其他的事。松下先生似乎看穿了我，仍在继续叱责我，差不多一直重复着刚才那些话和内容。我只能默不作声地听着。

过了一会儿，我又偷偷看了看表，又一个小时过去了。先生已经朝我发了两个小时的火了。看着一直在怒气冲冲地批评我的松下先生，听着他的叱责，我渐渐地有些感动。真了不起啊，对于一个年纪只有自己一半的部下，竟然如此认真地批评、提醒。我知道先生这么做绝非出于个人感情，是不掺杂私情的。从先生激烈的愤怒的言语深处，我能够感受到一股温暖和慈爱。

直到这个时候，反应迟钝的我才总算认识到了自己的不当之处，我本该在经营中把握好这些地方的。我明白了。在将近三个小时之后，我发自内心地感受到了松下先生的叱责是多么地难能可贵，我甚至产生了一丝感动。

“明白了吗？好了，就到这儿吧。”先生或许是看出了我的反省之意，他小声嘟囔着，“时候不早了，你回去吧。”

已经是夜里十点了。自从我36岁被委派负责经营PHP以来的两三年间，像这样严厉的叱责，每年我会受到三次左右。后来，就几乎再也没被恼怒、严厉叱责过了。我记得我在最初受到叱责时，脑子里因为先生的言辞过于激烈而变得一片空白。

我在应邀演讲时曾说起过此事。当讲到我为严厉叱责而感动时，常会有人说：“我也要对自己的员工如法炮制。”所以，我在此要补充一句：切不可单纯效仿松下先生的批评做法。如果以为自己就是“松下幸之助”，反而会遭到部下的轻视。因为在松下先生体内已构筑起对人类的看法、想法，即“人类观”，有对人类价值做出的绝对评价。

我再次重申，松下先生的一切言行都是以“人类是尊贵的存在、伟大的存在”为前提的，他勃然大怒与叱责都是建立在对人类的这种看法、想法的基础上，受到震怒的他叱责的人也能够从他严厉的话语中感受到“人性的温暖”和“心地的善良”。人们常说“松下先生批评人有一套”，但“有一套”并不意味着其批评方法有什么诀窍，或是特殊关照、酌情体谅。这种批评不讲究技巧，其特别之处在于立足于“人类观”，“人类观”是其基底。

我记得松下先生曾对我说过这些话。我曾在先生心情好时问他：“您在批评人的时候，有什么顾虑吗？是怎么想的呢？”先生回答：

“我在批评部下时什么都没想，没有什么好想的或需要顾虑的。非批评不可，我才批评的，并没有想过这个时候要这样批评。无论如何都要让部下成长，不能一边想着姑息，一边批评。第一，如果那样批评部下，对部下是有失礼貌的。应该不存私心，该批评时就批评。我认为批评部下既是为部下好，也是为整个组织好，所以狠狠地批评。如果批评时敷衍了事，那部下就太可怜了。不能在批评时还在心中盘算着什么。骨子里一定要有‘任何一个人永远都是伟大的存在，是王者’的想法。”

尽管松下先生批评起人来极其严厉，但被批评者最终还是会从他的批评中感受到温暖与慈爱，那就是松下幸之助先生的人类观。虽被叱责，却能感受到先生是在对自己认可的基础上震怒和叱责。正因为如此，当时松下电器的很多干部都以受过松下先生叱责为荣。曾经效力于松下电器，后来又参与了三洋电机创业的后藤清一先生还特意以《叱责与被叱责》为题出版了一本书（日本实业出版社，1972年出版）。而因为对这些一无所知，世人才会单纯地说："松下先生批评人有一套。"

被你批评过的部下，有几个人感谢、感动，骄傲地认为这样的批评"难得"，"是勋章"呢?

明白就好

“时间不早了，你回去吧。”

回家的电车上，刚才被震怒的松下先生叱责的事一直在我的脑中盘旋。是我没做好，愧疚之心油然而生，我的心情变得沉重起来。我本该更多地表现出反省之意的。先生是为我好才叱责我的，我却只想着要如何辩解。

就这样了吗？该怎么办好呢？我一筹莫展。我决定第二天一早就去先生那里，再次向他道歉。

第二天早上7点，我来到松下先生的卧室。松下先生还在睡觉，我在床边的椅子上坐下等他醒来。

先生醒来后，我对他说：“早上好，抱歉一早就来打扰您。”“你可真够早啊。有什么事吗？”先生问道。

我答道：“也没什么事，昨天实在抱歉。您说得对，我做了深刻的反省。今后我会在经营上多加注意的。让您担心了，对不起。”

松下先生从床上起身，笑着说：“你明白了啊，那就行了，那就行了。不要太在意。”

瞬间，我如释重负。然后我们一边共进早餐，一边谈笑风生。

后来，当我身处经营负责人的立场时，我领悟到批评之后的别扭心态与沉重心情绝非部下才有，才感觉得到。

我也曾批评过部下。我竭力做到批评、叱责时不感情用事。批评时，我想的是为了部下，希望部下能够成长。但严厉叱责后，看到说着“对不起”、垂头丧气地从我的房间出去的部下，我也会心情沉重地想自己是不是批评得太严厉了，是不是批评得过了头。我的心里也很别扭。部下是否正确理解了我说的话？是否明白了我的一番用心呢？虽然他们在嘴上说“明白了，对不起”，但我的心意真的传达给他们了吗？批评部下的我也心情沉重、郁郁寡欢。

我想没有人喜欢批评人。批评过后内心一片空虚，如嚼砂一般苦涩。有时，夜晚上床躺下后，在我眼前还会浮现出白天部下的表情。他们是否理解了我呢？是否能茁壮成长起来呢？

当我那么想，如果第二天部下来找我，对我说：“昨天非常抱歉，以后我会注意。”我才算松了一口气。他们明白、理解了我的一番苦心，太好了，我终于放下心来。

有时想到这些，我就会回忆起那天早上我去道歉时松下先生的微笑。或许松下先生也是和我现在一样的心情吧。

除了训斥本身，松下先生在训斥之后的跟进也令人感动。我被训斥完回家之后，有时松下先生会在深夜打来电话。

深更半夜的来电一准是松下先生，我飞快起身，抓起听筒说：“刚才实在抱歉。我已经明白了，以后会注意的。”“啊，明白就好。我打电话给你是有事要拜托你。”松下先生说道。

那一瞬间，我的心里一阵兴奋，轻松了许多。刚才训斥我、“否定”我的人，现在“肯定”我，“求助于我”，我自然又高兴又感动。为了松下先生，我甚至不惜生命。

我曾数次受到松下先生的训斥，甚至是严厉的训斥，也几度接到过他的电话，松下先生“有事要拜托你”的话语无数次拯救了我。每当听到先生的这句话，我都在心里不断地回味着其所带来的感动。

做你想做的

一天上午，松下幸之助先生在与我闲聊时说："我在想要不要做这个事，你怎么想呢？"

"挺好的。"

"你也认为不错吗？"

那天下午，松下电器的某位董事到来。他提出了一个建议，恰巧和松下先生上午和我说起的事几乎相同。我坐在后排沙发上，心里嘀咕道："哦，这不正是上午松下先生说起的那个事吗？"

我想，松下先生听了他的话，肯定会说："这也是我所考虑的。"但松下先生却只是欠身听着。等那位董事说完，他说："嗯，你的建议不错，就这么做吧。马上按你想的去做吧。嗯，不错。"他对自己也曾考虑过此事只字未提。他自己也有过同样的想法，而且就在上午还和我说起，他完全可以说"我也是这么想的"，但松下先生却缄口未提。

得到"按你想的去做"的指示，那位董事当然认为自己独特的想法、建议被采纳了。"真的吗？要按我想的做？"他那股高兴劲儿从背影就能看出来。松下先生又肯定地说："此事就由你作为最高负责人去推进。""真的让我负责吗？"听声音便知他是多么心满意足。不仅“自己的”建议被采纳了，而且还担任最高负责人付诸实施。“好吧，就让我来做吧。这是我的建议，我要负起责任去做。我一定要成功。”他这样想着，充满了干劲。

我记得那位董事临走时，向我招呼道：“江口君，辛苦了。”他的表情与来时截然不同，心情好到了极点。

这种情况下，如果松下先生说“我也想到过”，那位董事就会想：“哦，是吗？松下先生已经想到了啊。”那么，自己的建议就不再有独创性。就算被吩咐“你来担任最高负责人”，他也会认为“应该由松下先生负责吧”。但如果松下先生说“你的建议”“你的想法”，他就会觉得自己的建议是有价值的。既然是自己的提议，就要全力投入，取得成功。

与松下先生接触过的人，虽然不是全部，但大多数人都感到满足、感动。先生并未说过什么特别的话，岂止如此，他有时还很严厉，但却有很多人为之感动。这正是由我反复提到的松下先生的“人类观”决定的。

松下先生认为“人类拥有非凡的价值”，认为“人类顺应宇宙运动，其本性又被赋予了支配万物的能力”。因此，他不按头衔判断他人，不因对方的性别年龄加以歧视，不以对方的学历不同区别对待。官衔、性别、年龄、学历都如同“衣裳”，与人接触看的是内在的“人本身”“人的本性”。先生绝不从外表、“衣裳”做出判断。

所以，无论是昨天刚入职的新员工，还是端茶倒水的女职员、来检修电器的男职员；无论是董事干部，还是一般职员；无论是在全国发行的大报的记者，还是地方小报的记者，可以说，松下先生与所有人接触时都抱着“此人有着生而为人的无限可能与无限价值，是伟大的存在，可谓王者”的想法。无论交谈还是训斥，他都在本质上高度评价对方。因此，人们能够从松下先生的一切言行中切实感受到“自己的人性、人格、本质是得到认可的”。

从这层意义来看，松下先生的话语是24K金的“纯金之语”。不是镀金，而是纯金。所以，无论是每次都从先生那里听到同样的话语，还是只和先生交谈过一次，抑或是听到先生说出极其平凡的话语，对方都会感动不已。先生说的话虽然没有使用华丽的词藻，也没有使用专业术语和外来语，却打动了许多人的心。

学习松下先生最基本的理念——“人类观”，就能像先生一样，在任何局面下都带给对方感动。

松下幸之助先生已辞世近三十年了，有关先生的书再次出现在书店里，这得益于先生的哲学和经营观是超越时代、普遍适用的。但那些书多是学术类书刊或转载文献，演讲与研修也多是对松下先生轶事的引用或将一次面谈的经验放大讲述，那些书都是在谈“松下幸之助”，归纳并讲述松下先生的经营论而已，完全没有触及松下先生评价为“这才是我自己，归纳出这些我死而无憾”的“人类观”。

我不想对那类书、演讲和松下先生的那些话语予以评价。如果真的想议论、讲述、记叙松下幸之助先生的观点和经营论，我希望是在充分理解松下先生的“人类观”的基础上著作论文、书籍、演讲、研修。

我每天都在呼吁

想要整个组织朝着一个方向有力地前行，经营者的想法必须渗透到每一位员工。但实际上是很难渗透的。那么，经营者如何才能将自己的所思所想渗透给部下呢？松下幸之助先生多次说：“重要的是呼吁。”

“此时，需要留心的是负责人倾注多少心思在要呼吁的内容上。因为重要，所以要向大家讲。——这种程度是不行的。抱着这种程度的想法，连十成真意也无法传递给普通员工。想传达一百，那就抱着一百的想法去讲，这下可以了吧？但实际上，这种程度的想法仍然不行，倾注的心思还是不够，因此在传递给部下的过程中，最终会变成五，不，甚至是成为一。要想将一百传达给部下，负责人必须倾注一千的心思。”

如果不倾注全部心思，不拿出祈祷时的热情进行说明，不以燃烧般的火热激情进行呼吁，真意是无法传递到全公司所有部门的。

如果经营者、上司不能以热切的想法呼吁，真意就会在向下渗透的过程中被稀释，甚至消失，或者像“传话游戏”一般，经营者、上司的真意、想法最终单纯化、缩小化，有时还会被误解。

虽然我们都觉得传达了一次，对方却理解不了，不能百分之百地理解，这很不像话，但现实就是如此。一些经营者、上司对部下不能很好地理解自己的话感到不满，但实际上这是他们自身的责任。经营者、上司必须认识到自己对员工们没有全身心投入负有责任。

经常有经营者抱怨员工们对自己的话不能很好地理解。但在对员工、部下不满之前，经营者与负责人难道不该先反省自己是否倾注了百分之一千的心思，是否以燃烧般的热情向员工、部下呼吁了吗？如果对员工、部下说的都是自己头脑发热想到的事、未经过深思熟虑的事、道听途说的事，就会对员工、部下造成很大的困扰。要知道，在经营、工作上存在问题的，一般都是经营者、上司。

松下先生的话还在继续：

“反复说、反复呼吁也很重要。是这种反反复复才让经营者的想法渗透到员工当中。”

在一年一度的方针发表会上郑重讲过了，所以不会再有问题；文件传达下去了，员工们应该能理解。——这种程度的想法是不可能让员工、部下尽人皆知并贯彻落实方针政策的。也有的经营者、负责人说自己已经说过三四次了，但自己的员工还是做不好。如果这样还是传达不到的话，可以再重复十次、二十次。

我在高中时曾听过这样一句话："人是会遗忘的动物。"如果这是普遍的、正常的，那经营者、负责人就需要利用各种机会，把方针政策加入不同的话题不断地重复，努力向员工、部下们呼吁。

松下先生年轻时，将近三年，每天都在晨会上向全体员工讲述自己的想法，每天大概10～15分钟的时间，他反复地宣讲自己的观点、想法。他每天变换话题，既有自己的亲身体验，也有昨日的所思所想，但贯穿始终、未曾改变过的是他的愿望、理念。

每天坚持绝非易事。如果松下先生没有热切的愿望、想进行呼吁的愿望、希望员工执行的愿望，他是无法坚持做到三年如一日的。

"总之，我每天都在呼吁。最初，员工们无动于衷。但我反反复复地说，渐渐地，他们有了反应——'既然老板这么热心，自己也要那样做才行啊。'到后来，倒是员工们更加拼命——'老板您这不温不火的做法可不行，还是看我们的吧。'我真的就被他们这么说过。"

反复讲过多次后，员工、部下自然会明白自己的上司现在考虑的是什么，自己应该干什么，要朝着什么方向努力，经营者的真意、上司的心思也就传递给了员工、部下。

松下先生又为我举了一个例子：

“要用尽心思呼吁，而且要反复呼吁。还有一件重要的事就是要说明‘为什么’。不能只说自己想说的事和方针，还要解释为什么要说这些，为什么要下达这个指示。负责人说明了‘为什么’，员工们才能够对整体有所理解。否则，员工是不会追随负责人前行的。”

说明“为什么”，在现在这样一个价值观多元化的时代尤其重要。说得极端一些，四五十年前，就算什么也不说，大家也能相互理解、相互体察，因为彼此的价值观是一致的，社会没那么复杂，大多数国人的喜好几乎都集中在“巨人・大鹏・鸡蛋卷”[①]上。一个人穿上了超短裙的话，连大妈们也都会跟着穿，因此才有演员三船敏郎做的广告——“男人默默地喝札幌啤酒”。那是一个即使沉默不语也能相互理解的价值观单纯的时代。但从二三十年前开始就不同了，人们变得希望着装不同于他人，避免与他人雷同，每个人的价值观、思维方式都不尽相同。现在，这种差异更为明显。

正因如此，经营者、上司就更有必要说明“为什么”。为了说明“为什么”，负责人需要在自己的头脑中充分地思考。不经思索，仅凭一时冲动、道听途说，是无法说明“为什么”的。如果不能说明“为什么”，即使带着满腔热情进行呼吁、反反复复地说了

---

① 巨人是日本著名的职业棒球队，大鹏是日本著名的相扑运动员，鸡蛋卷是一种食物。“巨人・大鹏・鸡蛋卷”代指当时日本的流行爱好。——译者注。

又说，员工、部下还是会摸不着头脑，不明所以。不对“为什么自己要呼吁、要说这些”进行说明解释，只在那儿大声呼吁，员工、部下迟早会与你背道而驰。

①以燃烧的热情进行呼吁；②反反复复地进行呼吁；③说明为什么进行呼吁。如果不反复做这三件事，经营者的真意就无法传达给员工。

从松下先生的经营经验中提炼出来的这三项，经营者和上司们岂不都应该领悟于心吗？

员工是由形形色色的人构成的

松下先生经常说下面这样的话：

“公司也是一样的，需要由形形色色的员工组成。如果公司里都是一样的人，就会毫无生趣，而且这样的公司也不会强大。你在录用人时，要记住一定要录用各种各样、不同类型的人。如果只按个人喜好，只录用对自己百依百顺的人，公司最终是不会强大的。”

大家都知道，在经营的过程中会碰到各种各样的问题。要应付多变的问题，靠千篇一律的同一类型的人是无济于事的。有各种类型的人存在，才能够按个人所长进行分工。这样，公司才会变得强大。

“听过桃太郎的民间故事[1]吧。猴、鸡与狗各不相同，正因为不同，才各有用武之地；正因为不同，才能够逐除鬼神。公司也一样，需要各种各样的人。将个性不同、各具特色的人聚在一起是极其重要的。”

如何善用这些富有个性的员工，是体现经营者能力的地方。也许有人觉得，一个组织里有很多富有个性的员工，岂不是会四分五裂吗？实际上是不会出现这种情况的。以我作为经营者的经验来看，恰恰相反，有个性的人多了，反倒容易统率。

这就像城楼的石墙。大小、形状各异的石墙巧妙地结合在一起，能够承受得了五百年、六百年的岁月的历练；形形色色的人聚在一起，才可能构筑起稳固的公司。

武田信玄这位武将一生都没在自己的国家构筑起城墙，然而“对部下，他却考虑到了均衡。例如，马场信春沉默寡言、派头大，就将他与爱说话、做事麻利的内藤昌丰组合在一起；山县昌景性子急，见到敌人就想要仅凭自己的兵力发起进攻，就让他和高坂昌信这样三思而后行的人在一起。将固执之人与柔顺之人组合在一起，就好像用水与火煮东西一样，不会有闪失”。用人时，人与人的组合搭配是极为重要的。

---

① 日本著名民间故事，讲述从桃子里诞生的桃太郎，用糯米团子收容了小白狗、小猴子和雏鸡后，一起前往鬼岛为民除害的故事。——译者注。

“个性本来就是在一定的束缚下才能施展出来。听起来似乎非常矛盾，但如果没有了约束，也就不可能有个性。木匠的工具箱就是这样的，先是有木工工具这样一个方向或说方针存在，然后才是将工具集聚在一起。容纳这些工具的就是工具箱，里面既有刨，又有锤，还有锯和凿子，各自有不同的个性主张。也可以说，是在工具箱这个约束中，在木工工具这一方针下，各种不同的工具汇集在一起。但这些具有个性的物品的集合也不是一盘散沙，将它们聚拢在一起的就是方针。”

因为有共同的方向、方针，才会有多样的个性，才能各自发挥个性。按照松下先生的说明，将各种工具汇集在一起的箱子就好像是一家公司的经营方针和基本理念。公司有经营理念，有方针，它们贯穿于员工们之中。正因为有它们存在，员工们才有了发挥各自个性的余地。对松下先生的这番话，大家理解了吗？

“你听好了，考虑问题时，不能只想左或右的某个方面。凡事大都有正反两个相互矛盾的想法，而一般人总是按其中的一个想法去做判断。但那样其实是不好的。”

例如，在思考社会时，有整体更重要与个人更重要这两种想法。

一种想法认为，个人可以为了整体而牺牲自己。为了公司，员工可以做出牺牲。近来成为话题的黑色企业即是如此。但这是不正常的。有了员工，才有企业的存在。让构成整体的个人做出牺牲，这样的企业是不可能发展、长存的。“企业离开了员工必定衰退。”发挥员工所长，让员工获得回报，这才是第一位的。只有这样，公司才能发展、繁荣。

第二种想法认为整体与公司无关紧要，只要个人得到满足，得到回报就好。这也是不正常的。这样一来，个人、员工要立足何处？被谁来守护呢？这就好比员工、个人“毁坏自身立足的踩踏台”，会失去依靠，甚至无法生活。所以，认为公司或自己所属的整体遭到破坏也无妨，这样的想法是愚蠢的。

正确的想法是自己与整体都要存活下来。员工获得了满足，公司也取得了发展；个人发达了，社会也繁荣了；国民繁荣了，国家也兴旺了。思考如何才能实现这一目标，是社长的责任、负责人的责任。这样思考的人是贤明之人、有智慧之人。实际上，正是“个人与整体”的繁荣与幸福才是公司、国家得以发展的基础中的基础。

在政治界尤其如此，我想很多国民都对极右或极左的极端政党感到奇怪吧。一方是无论提到什么，都是国家、国家，就算是牺牲国民也不足惜；反之，另一方则无论提到什么，都是国民、国民，就算是牺牲国家也不足惜。贤明的国民觉得双方都是不正常的，所以不会投票给这样的政党，只有发狂的国民会支持他们。因为得不到大部分国民的支持，这样的政党就永远都无法成为执政党。

不偏执于任何一端，追求公司整体的发展与员工个人的满足，追求国家的繁荣昌盛与国民的满意，经营者与政治家需要的是这种见识。

“按照唯一的尺度标准进行思考要容易得多，但如果尺度标准有两个或者三个，则变得比较复杂，所以人们极力想要以一个尺度标准条理清楚地思考、说明。但以我的经验来看，凡事并非都那么简单，总有勉为其难之处，所以人们往往会弄错做事的方法，偏执于某个方面。基本方针与个性这二者是一样的，换个角度看，也可以说是相反的，两者都不该否定。对二者的有效利用是公司或组织得以发展的秘诀。”

要我解释松下先生的观点，那就是，无论公司的经营还是国家的经营，都不能单纯地以“算数”中的加减乘除的思维去思考，经营是复杂的，需要以解二次元、三次元方程式的“数学”思维去思考。

负责人肩负的责任与部下不同

松下先生曾说："负责人肩负着不同于部下的重任，所以才称其为负责人。"

从松下先生身上，我感悟到负责人担负着三重重任：

第一，身为负责人，"需要实现自己的公司、部门的课题与目标"。

这无需说明，社长要达成事业计划、愿景、使命，上司要实现部门的目标，社长与上司就是为此而存在的，如果做不到这些，总也完不成目标，就不能称作"负责人"。这是难以推卸的责任。

那么，只要达成计划、目标，就算是负起责任了吗？并非如此。

如果仅仅是担负起自己的工作责任，那就和一般员工一样了。即使是昨天刚入职的员工也有要承担的工作责任，他们能称为负责人吗？我们不把他们称为"负责人"，也不能那样称呼。

第二项重任，不言而喻，是"努力培养部下"。

如果不能把部下培养起来，公司就无法发展，上司自己也得不到提升。有人说，区分公司优劣的标准就是看公司里有多少优质的员工。判断上司的方法也一样，通过看这个上司下面有多少好部下、优秀的部下，便能够区分上司的优劣。不培养部下，则上司自己也无法成长；不培养人才，则上司自己也无法在工作上有更大的突破，公司整体也得不到发展。正因如此，必须要培养部下。

负责人有别于新职员、一般职员的第三项重任是“创造新的工作”。

把自己的工作分出两成交给部下，自己就多出了“两成空白”。用这两成空白做些什么呢？让它就此成为空白吗？用这多出来的空闲去享受高尔夫球吗？如果是这样的话，则不具备做负责人的资格。

负责人应该创造出两成新的工作。如果每一位负责人都能创造出新的工作，每一位经营者都能开创出新的事业，整个公司就得以壮大、发展。

负责人要做到：①完成团队的工作；②努力培养部下；③创造新的工作。负责人需要时刻铭记，正是因为拥有了这“三重责任”，自己才配得上这个称号。

尽管前面已经对如何育人、如何培养部下做出了种种描述，我还是想对此做一下归纳。

在培养部下方面，有四个关键点：①向部下发问；②明确方针；③委任权限；④令人感动。

负责人致力于这四个方面的努力，部下才能成长起来。

①向部下发问。

上司向部下发问能够产生四种效果，即a.调动部下的士气，b.激发部下学习，c.上司收获信息，d.受到部下尊敬。

小学四年级就退学的松下先生没有获取知识的机会，所以他倾听他人，主动向他人发问，尤其是向部下发问。在这个过程中，松下先生体会到向部下发问令自己受益匪浅，其益处就是上面说的a—d四项。

②明确方针。

为什么说经营者、上司明确了指示方针，部下会成长起来呢?因为部下只需依照方针行事即可，所以他们会自主性地做出具体判断并行动，部下因“自主性”得以成长。再补充一句，经营者、上司这些负责人提出了方针，整个公司与全体员工都会依照方针行事。负责人需要清楚地认识到这一点。

明智光秀奉织田信长之命要去进攻中国的毛利氏，率一万三千人的兵力离开亀山城，沿丹波路前进。光秀的军队前进至桂川时，接报“敌人在本能寺”。攻打信长之事只有光秀的几个重臣知道，其他人都以为是出兵中国，但命令下达后，一万三千人的兵力一举涌到京都，在一秒钟前做梦都没想到的谋反获得了成功。谋反在当时是违背道德之举，但领导者做出指示之后，下属也照旧执行。

只要领导者做出了决断，做出方针指示，部下无论在心里是否服从，都会按照该方针行事。几乎没有员工或部下会提出反对，要另择他道而行。因此，领导者、负责人要在心里牢记提出方针的“可怕”。方针能够培育部下，也能够决定公司的兴衰。所以，领导者、负责人在思考何为正确的同时，也要注意提出正确无误的方针。

③委任权限。

有句话是“环境锻炼人”。人处于某个立场上后，一般都会发挥以前没有的能力。把以前的部下从主任升为科长，将权限委任于他。最初不知所措的部下，渐渐地就能够起到科长的作用了。松下先生说过，有60分的实力足矣。通过委任权限，使部下成长，从60分上升至80分，还有的人成长为90分。

部下没有成长起来，是因为上司缺乏判断力或缺少“放任、不放任，不放任、放任”的体谅，没有培育部下的能力。委任了权限，剩下的让部下自己看着办，这样的上司是不称职的。起码应该在开始的一段时间，时不时地看一看，必要时予以建议、帮助。就像父母养育孩子一样，先守护孩子，再逐渐地放手。如果负责人有这样的体谅，“环境锻炼人”“委任权限锻炼人”就不会出差错。

人活着，什么时候最高兴呢？毫无疑问，是在感受到他人信赖的时刻。受到信赖时，无论是谁，都会心生幸福感。被委任了有责任的工作，就是受到了信赖，所以当部下被委任权限时，一般都会欣喜不已。如果还能发挥自己的创意、思路，部下在双重喜悦之下就会更加竭尽全力。部下就是这样成长起来。

不过，在此我想补充一句——“委任权限，不可委让权威。”社长要有社长的样子，部长要有部长的样子，对“界限”的坚持是很重要的。把工作都交给部下，认为是自己让他们高升的，是自己罩着他们，自己有恩于人，身为负责人，如果具有这种态度和举止，则是“卑鄙的”。要理解将权限委任给部下的自己所担负的重任，要视能力、情况做出判断，要对自己指名担任的部下在明里暗里予以援助。

委任权限后，自己的时间多了，工作量也会减轻。本应创造并投入到下一项工作、事业的，却打算留到以后慢慢做，想着先去喝酒吧，去打高尔夫吧。这样的社长、上司比部下更劣下，是无能的负责人。一面说着要节约交际费，一面自己却每天夜里用公款吃喝；一面说着不许迟到，一面自己却姗姗来迟；一面说着要守约，一面自己却任意爽约……作为负责人的“权威”荡然无存。

身为人，要做该做的事；身为负责人，不做不该做的事。这样才能树立起“权威”。如果意识到自己的责任，在“作为上司应有的态度”和“行为举止”上做出表率，被委任了权限的部下就会感受到负责人的权威，向负责人心怀敬意，全力以赴地投入到被委任的工作中。

而如果负责人该做的不做，该遵守的不遵守，不懂得划清界限，就会逐渐被部下轻视。本来可以有大好前程的部下，也可能因为受到负责人的不良影响，学着偷懒、堕落，变为人生的失败者。

经营者、社长尤其需要注意“委任权限，但不可委任权威”，员工一定会效仿社长的。

有位经营者经常向松下先生抱怨：“我的员工不好好工作，工作不得要领。”那位经营者走后，松下先生笑着对我说：“那家公司不行啊。身为社长，他可以和我说高尔夫，但不能说自己的员工不好。是他自己不好。嗯，这也不是我该说的话。最大的问题是那位社长没有搞清楚自己的责任。”

④令人感动。

如果缺少了对经营的感动，就会只剩下一群缺乏上进心、没有士气、缺少干劲的员工。公司是否能够得到发展，是否能够成功，取决于社长、负责人是否能给员工、部下带来感动。这是对负责人提出的一个重要要求。

感动了的员工、部下会想，“要为了负责人”“为了这个人”，投入其中，拼命完成自己的任务，要做出成果，拿出结果。为了不辜负期待，可能调动出连本人都没想过的能力。

通过对松下幸之助先生的长期观察，我认为，不能令部下、员工感动的上司、经营者是二流、三流的经营者；不能给部下、员工带来感动的社长、负责人是无法培养出有实力的部下、员工的。

第五条　**领悟的使命感**

跟在我身边学两年如何？

“你的父亲高寿啊？你的母亲身体还硬朗吗？”

我第一次见松下幸之助先生时，他从一张大桌子后面探出身子向我招呼道。这是决定是否录用我为PHP研究所秘书的最终面试。他那温文尔雅的微笑是留给我的第一印象。一番闲谈后，松下先生笑着说：“就两年，你要不要跟在我身边学习呢？”

我原打算在被松下幸之助先生面试后，不管是否合格，都拒绝这次调动，此时却鬼使神差地回答道：“好的，我愿意。”在他的手下工作将成为一段很好的经历，我想，反正就两年，不如试试看。

老实说，当时我对PHP研究所一无所知。那时，我还在横滨的松下通信工业公司工作，我想趁着年轻多积累一些经验，于是提出了“转岗”的要求。

那时，我甚至不知道PHP研究所的存在，更别提想去PHP研究所工作了。当我从事业所的人事部长那里听说有可能把我调到PHP研究所时，我的内心被惶恐与不安团团包住。那是个什么样的地方呢？是做什么的呢？PHP是什么意思？于是我去向事业所的董事、前辈、上司请教。

有人告诉我："那里归松下先生直接领导。至于是做什么的，我就不清楚了。听说是个管理非常严格的地方，从鞠躬到走路的姿势，每个细节都不会放过。你要做好心理准备啊。"我又去问其他干部级别的前辈，对方说："那里是松下集团的'圣地'，我们很难靠近，我也不清楚，反正我这样的人是做不来的。你加油吧。"这样的话听得多了，在我心中对PHP研究所的不安与恐惧也就越发多了。

怎么办呢？当时27岁的我愁得一周都吃不下饭。我不想去那样一个摸不着头脑的地方。我不喜欢被束缚，中规中矩不符合我的性格。我不想去那样的岗位。就算是开除我，我也要抗拒去那里。如果那个地方真是像前辈们所说的那样，我会当即拒绝。

正当我思前想后之时，我突然想到："说不定我能见到松下幸之助先生呢。我很想见见他，等我见过他再回绝也不迟啊。"我只是在入职仪式上远远地见过一次松下幸之助先生，而我是因为仰慕松下先生才在松下电器就职的，我这样想也是人之常情。好吧，就这么定了，等见到他以后我再拒绝这次调动，就这么定了！我说通了自己。这样一想，我的心情变得轻松了许多。我盘算着什么时候、怎样拒绝，在心里想好了拒绝的方式。

因为是面试秘书，我以为很快就能见到松下幸之助先生，于是决定当日往返于横滨—大阪。没料到，先是松下电器人事科长的面谈，然后是上司的面试、PHP研究所负责人的面试。当天，松下幸之助先生太忙了，我最终没能见到他。我临时决定在那边住一晚。我什么住宿用的东西都没带，姑且找了一家便宜的小旅馆住了下来。

第二天，我再次前往。头一天面试我的人事科长忍不住说道：“别看你是个男人，笑容也很重要啊。你能不能在说话时有点笑脸呢？”我本来就打算拒绝这份工作，又出乎意料地经过了几轮面试，所以一脸不悦，哪里还有笑容。

那天，只有负责人事的高管为我进行了面试，我又没能见到松下先生。就算我和新职员没什么两样，也不能这样对我吧。已经滞留两天了，还不知明天会怎样。我憋了一肚子气，想着回到旅馆后就默默地返回横滨。

然而，我还是想见一见松下先生。我迫切地渴望与先生见面，直接交谈、交流，我改变了主意，决定再住一晚。要是明天还见不到他，我就回去了。

第三日，当我正在思忖能否见到松下先生时，先生空出了时间，人事科长通知我马上过去见他。见到他后，我怨气全消，只感觉紧张得要命。有生以来，我还是第一次这么紧张。在我的想象中，松下先生是个非常可怕的人，他待在一间大大的房间里，严厉的语调仿佛能将人刺穿。当时，我只知道松下幸之助先生是松下集团的总帅，是高不可攀的“经营之神”。要是我回答不出他尖锐的提问怎么办？但我转念一想，管他什么结果，反正我是要拒绝的，这不正好吗？

但先生并不是我想象中的那个样子，而且恰恰相反。我在人事科长的催促下走进了房间，松下先生就坐在一张大大的书桌对面。我紧张地站在他的面前。

“坐吧。”这是先生对我说的第一句话。“你是哪所大学毕业的？”“学的什么专业？”他微笑着，像是在和我聊家常。我丝毫没有被质问、被盘问的感觉，也没有被威压、被命令的感觉，我们就像是在聊市井闲话一般。“你在大学里都学些什么？”他问。我一番说明之后，他又问：“那是一门什么样的学问呢？”他倾着身子，认真地听我的回答。

松下幸之助先生与我想象的截然不同，这让我有些吃惊。我凝望着笑容满面、温和慈祥的松下先生，他长得慈眉善目。哪怕是严峻的工作环境，我也愿意在这个人的手下干上两年！

听到我回答“愿意”，松下先生笑了，他说：“嗯，那就这么定了。”

人真是不可思议啊，第一印象竟会给后来的思考、行动带来很大的影响。我对松下先生的第一印象是“一个慈祥的人”，这很大地影响了后来我与松下先生的接触方式。虽然约定的是两年，但实际上，我在松下先生身边工作了二十三年，直到他去世为止。这期间，我不知被他严厉地提醒、训斥过多少次，但我却几乎从没产生过恐惧。有时就算受到先生的严厉斥责而不知所措，我仍然自然地感受到来自先生内心深处的温暖与慈祥。我想这种感觉大概就来自于我对他的第一印象——“这是个慈祥的人”吧。

后来我明白了，松下先生的形象不仅由他给人的第一印象造就，他是生性善良、温和，再深究的话，那就是源于先生的“人类观”。多亏了这个第一印象，我从一开始便能够在轻松的氛围中与松下先生愉快地接触。

我最终在松下先生身边工作了二十三年。坦率地说，我从未感到过厌烦、艰苦。松下先生在我心中始终是伟大且值得尊敬的，是我为人的目标。

这是因为松下先生是“奉公之人”，他不为私欲，而是为公司尽力，为社会尽力，为国家尽力，为人类尽力。他的这种理念优于其他的一切想法。我在他身边的这些年，对此感触颇深。

人们常说：“一心为公、毫不利己之人，没有人不对他们肃然起敬。”我也不例外。正因为是优先考虑公事、为公鞠躬尽瘁的“奉公之人”，松下先生才让人感动，才引人瞩目，才能作为经营者、领导者取得成功。松下先生认为人人都应该努力成为“奉公之人”，他也认识到这是自己应尽的责任。

领导者之所以成为领导者，正是因为有“奉公”意识并有承担起奉公责任的意志。当今社会上受到尊敬的人，都是像这样的具有责任感的人。耶稣为了全人类而被钉在十字架上，也是因为他有为公之心，他看到世间的混乱，认为拯救世界是自己的责任。

我们不是像耶稣那样的伟人，但至少要认识到自己所从事的工作所担负的公共责任。如果没有责任意识，领导者就不再是领导者，岂不成了旁观者吗？

应该拼命地制定和明示方针

“过去很长一段时间，我都在从事经营方面的工作，我总是将方针予以明确。我常对员工们讲我的经营思路，讲经营的具体目标和最终目标，讲我的梦想、理想。”

如果方针不明确，部下就会不知所措。他们拼命努力，把自认为是好的结果向上面报告，没有比对他们说“我并不期待这样的结果”更令他们难过、难受的了。如果他们再遭到训斥、被不停地抱怨的话，那就只剩下哭了。

那么，部下没能按上司的期待去工作，没能做出上司期待的成果，是部下的责任吗？不是。那是因为负责人下达指示的方式有问题，是因为社长或负责人没有明确地提出方针，也就是说，负责人没有明示所下达工作的处理方式、具体目标和最终目标。

猎人用猎枪打猎，只有当缺口、准星与目标猎物这三点达成一条直线时，子弹才会命中猎物。不指出这三个点，仅指出猎物，部下是不可能达成经营者、负责人期待的结果的。经营者仅仅是提出、指示出最终目标，然后就不再用心思经营的话，员工、部下会感到“莫大的困扰”。

有了明确的方针，员工、部下才会清楚自己前进和努力的方向，以及前进的方式和意义。不仅如此，只有明确了最终目标，员工、部下才能弄清自己的努力最终将达至何处。

而看清了自己的着陆点，员工、部下才会干劲十足，朝着正确的方向拼命努力，他们一般都能达成社长、负责人期待的成果。领导者明确了方针，部下的自主性才会调动起来，部下才能成长。因此说，不能明确方针的领导者是失职的。

方针对经营者、负责人自身而言，就如同是“经营的拐杖”“黑暗中的明灯”。经营者与负责人遇到事情时左右为难，是该前进，还是该改变方向或抽身而退呢？他们常常面临这样的局面，他们要比员工、部下考虑得更多，更加苦恼。要能在这种时候准确无误地选择正确的出路，做出决断，就需要以方针为标准来考虑，以方针为罗盘针来考虑。所以说，明确地指示出方针、提出方针，对领导者、负责人来说是极其必要且重要的。亦可说，“方针是经营者回归之处”。

“明确了方针，经营者也就有了自己做出判断与采取行动的标尺，就能够强有力地行动。经营上总会有很多踌躇犹豫的时刻，不知道该向左还是向右，难以清楚地加以区分。经营就是这样。此时，对照方针思考是向右走还是向左走，自然而然地就清楚该如何做了。”

制定了清晰、明确的方针，而且经营者坚决遵守该方针，其行动就表现得铿锵有力。员工们也会视其为有坚定信念的经营者，尊敬、信赖他们，放心地把经营交给他们，死心塌地地追随他们。

顾客与合作商如果对一家公司的理念和努力目标一清二楚，就会因为认同这家公司的理念、经营者的想法而愿意购买其产品，愿意与这家公司共事。清晰、明确的方针便自然而然地成为这家公司信用的标志。因此，为了“公司的信誉”，经营者也需要向公司内外明示其方针。

松下先生认为方针具有三个要素：①基本理念（＝什么样的观点、什么样的做法）；②具体目标（＝目前要做到什么程度）；③最终目标（＝最终要达成、完成什么样的结果）。

我们最好能记住这“方针的三要素”。

我想起一件陈年旧事（发生于昭和六十年，即公元1985年的御巢鹰山大型客机空难）。自那之后，每年的8月12日，媒体都会报道这起坠机事故、对遇难者亡灵的祭拜活动、对飞行安全的祈祷等。我总是一边为遇难者的冥福和飞行安全祈祷，一边回忆坠机事故发生时的情景。

坠机后差不多过了一个月，东京一家从事企划的公司倒闭了。是什么原因呢？原来，不知是谁出的主意，这家公司让员工们登上御巢鹰山，在背包里装满了事故现场的泥土并将其带回，再将那些土装入小化妆盒，以一盒5万日元的价格向死难者的家属兜售。这当然激怒了家属们。那家公司因此受到媒体的大肆抨击，不久便倒闭了。

虽然这家公司有当前的具体目标，但却缺少了基本理念与最终目标，它只想着“赚钱就行”“有销路就行”。这家企划公司的倒闭正是向我们揭示了“方针三要素”的重要性。

“要如何明确方针呢？经营者首先需要思考、思考、再思考，需要从自己的内心深处去感悟。要领悟，透彻地明白，再将其确定为方针。不能凭头脑发热就提出，也不能照搬道听途说的内容，这些都算不上是方针。”

松下先生说，方针可以是很质朴的语言，但不能只是照搬书本上或道听途说的内容。它必须得到所有人的认同，不仅是经营者认同，也需要得到员工、股东、顾客的赞成、认可。只为经营者喜爱的方针在实施时无法得到多数人的协助，最终，经营者、负责人自己也会逐渐丧失坚持贯彻方针的气魄。

进而，还要看社会、世人对此方针做何感想。只令顾客高兴，但却有害于社会的方针，会遭到社会、世人的反对和批判。如果世人对此方针不给予好评、不赞成的话，公司就无法持续发展。最终，不仅方针会消失，公司也会衰退消亡。负责人需要集中众智，以领悟之心来确定方针。

松下先生指出，方针得到员工、部下、顾客、世间的认可、评价、赞同是非常重要的，但“遵循自然法则”也必不可少。方针需要具备不随时代改变的普适性和真理，这一点也很重要。

“还要考虑是否符合天地自然法则。就算得到了众人的赞同，但如果违背了自然法则，也是不行的。因为不符合自然法则，最终经营也就得不到发展。如果方针的正确性未经真理与自然法则的验证，即使制定并向人们明示了方针，最终也还是得不到信赖，公司也就不能得到发展。”

众所周知，在确立并明示方针这件事上，松下幸之助先生是“拼上了性命的”。

你是个不称职的经营者

“有这种想法可不行，作为经营者是不称职的。”

听了我的话，松下先生的脸上现出了严肃的神情。我话音刚落，他便瞪着我，边拍桌子边用激烈的口吻训起我来。这是发生在昭和五十五年（公元1980）的事。

那是我负责经营的第四个年头，PHP研究所的销售额刚过30亿日元。虽然销售额在四年间从9亿日元提高到了30亿日元，但利润却只有区区2%～3%。但尽管是微利，因为直到几年前还完全是亏损经营，所以PHP研究所的经营状况的确是得到了改善。当然，经营此时还未打好基础，仍然处于羸弱的状况。

我一心想把经营搞好，于是想到了将导致亏损的原因之一——月刊《PHP》的价格提高。我向松下先生要求将定价从当时的120日元提高至150日元。《PHP》杂志的发行量达100万册左右，如果定价提高30日元，年销售额就能增长3亿2千万日元，当然利润也就能增加3千万日元。这样一来，《PHP》杂志的亏损状况就能得到改善。

但松下先生听了我的话说：“涨价的事还是算了吧。我平时总说，这是PHP运动的宣传刊物，我们希望能让更多的人看到。为了能让每个人都买得起，还是保持现在的价格吧。不能涨价。”涨价的方案就这样被他一下子拒绝了。

没有得到松下先生的许可，我无计可施，但我还是想尽快将经营基础打好。于是，我说：“明白了。我还是打别的牌吧，也可以靠大幅度提高书籍的发行数量获取利润。不过，《PHP》杂志仍将持续亏损，这一点还要请您原谅。”我盘算着要想方设法实现PHP研究所的整体盈余，所以希望先生能谅解《PHP》杂志的亏损。

结果，他叱责我是不称职的经营者：

“有这种想法可不行，身为经营者是不称职的！有了这样的想法，经营岂不是成了一笔糊涂账！如果我赞成了这样的想法，其他事业所的人也会想：‘只要公司整体上是盈余的，自己这部分就算亏损了也能得到谅解。’是不是？如果大家都这么想，公司就倒闭了。我们不应有这种想法。在一家公司，如果每个工作单位、每项工作都是盈余的话，整体就一定会有盈余。允许《PHP》亏损，靠其他部分来获取利润，你这想的是什么啊？《PHP》现在亏损，让它实现盈余不就好了吗？”

既不允许涨价，也不允许亏损，我拼命去体会松下先生严峻的表情与话语，心想必须得采取什么措施。我想尽了各种办法。我改变了编辑作业的方式，经与合作商反复研究，在色彩不变的前提下，将纸张换成了稍微便宜一点儿的纸；再如封面上的绘图，购买图片需要花费几十万日元，但我靠宣讲PHP的活动宗旨和松下先生的观点得到了无偿协助……我拼命努力，做了很多类似的小事。后来，虽然利润微不足道，但《PHP》总算是扭亏为盈了。

像这样，松下先生不允许偏离“亏损是罪恶的”这一基本理念和方针。我常常为此而受到他的严厉训斥，他绝不允许偏离作为基础方针的理念。

而当我遵循松下先生的信念、方针，取得成功时，他对我赞赏有加。负责PHP研究所的经营五六年后，我不再“依赖松下电器”——

“外派人员的人事费、月刊杂志等的广告费、购买5万部松下幸之助先生著作的费用等，今后都不要了。PHP研究所要靠自己的力量从事启蒙活动、经营活动。外派人员本人希望的话，也让他们回到松下电器。PHP研究所要独自录用人才。”

这招致了来自四面八方的批判、责难：“不像话。”“把经营搞得一塌糊涂。”“无谋之举。”……我陷入四面楚歌之中，没有人赞同我。

但却有一个人，唯一的一个人表扬了我，为我高兴，那就是松下幸之助先生。他说：“你做了很好的决断。”“你作为经营者，能力在我之上。”我回到家，他又打来电话说：“你真了不起。”“干得好，你做了一个很好的决定。”和刚才一样，他对我赞不绝口。

当时，首先拿起电话接听的是我夫人，松下先生对她说：“江口是个优秀的经营家。”她不明所以，一头雾水。松下先生或许是因为主张“经营需自主自立”“有依存心的经营不为经营”的基本方针和信念，所以对我的决断颇为开心。当与松下先生的信念、方针一致时，他总是像这样给予我高度的评价。

遵循松下先生的方针行事，但却失败或出现问题的时候，他则会安慰我。

那是关西的新机场落成之前的事了。某位大学教授在《声音》杂志上登载了一篇论文，认为关西新机场的建设之所以没有取得想象中的进展，是因为关西的自治体和经济界不致力于此。S金属的会长H看到这篇文章后勃然大怒，打来电话，怒气冲冲地说：“怎么能刊登这种随随便便的稿件？松下先生运营的PHP怎么能登这么无聊的稿件？关西自治体和财界都在全力以赴！”

我立即向松下先生做了汇报。松下先生说：“你看看这篇论文。”我看过后，胆战心惊地偷偷看向松下先生。他说：“H发的是哪门子火啊？那位教授说得没错。虽然他们在做，但我看他们做得不认真。事实上就是一点进展都没有嘛。我去和H讲。你不必担心，交给我处理吧。你可不能丧失斗志啊，你还像往常一样就行。”

“交给我处理吧。”松下先生的这句话至今仍在我的耳边回荡。

当部下按照上司指示的方针、理念、信念行事却没有获得成功时，不仅仅安慰、鼓励部下，还说出“其余的全交给我来处置”，这样的人才是真正的领导者、经营者、负责人。

我还想再补充一点。当部下没有遵照松下先生指示的方针、理念、信念行事，却取得了成功时，松下先生又会作何反应呢？

这种时候，无论我再如何汇报取得的成果，松下先生也都一律视而不见，或只是针对我的汇报回答一句：“哦，是吗？”尽管我拼命说明我是如此成功，我做到了超出要求的事，他也不对我说“干得好”“太好了”，不会给予我肯定的评价，而是很快将话题转移。当然，我回家后，他也不会打电话过来。

这样的事情经历多了，我渐渐地发现松下先生是一位很好共事的上司。因为只要遵循松下先生指示的方针、基本理念、信念，无论做什么，都不会受到训斥。总之，只要不背离松下先生的方针，他都放手让部下自由、大胆地去做。想想看，对我而言他真的是一位容易共事的上司。

不能只想金鱼而轻视水

“从事经营需懂得，仅仅生产卓越的产品，创造优良的技术，建设出色的工厂是不够的。这些固然重要，但领导者有什么样的理念和观点，员工的情绪和氛围、士气如何也需要兼顾。”

我对松下先生这番话的理解是，要想在经营上取得成功，就不能只考虑产品、商品、技术、厂房、员工人数、组织、体制等“眼睛看得见的因素”。仅靠这些不可能一帆风顺。通过人事调动来改变组织结构、改变体制，或指示员工开发新技术、创造新产品，结果也未必如愿以偿。

“很多人认为，只要考虑商品、技术、工厂这些事，就能把经营搞上去。实际上并非如此。经营绝不会一蹴而就。这些虽然重要，但还有一个更重要的因素，那就是观念。社长是怎么想的？他的人品如何？员工以什么样的心态投入工作？是否有士气？是否有互助意识？这些也需要考虑到。”

我把上述内容理解为强调一个公司的经营理念、哲学、方针及经营者的观念、姿态，员工们的心态、士气等“不可见的因素”的重要性。是否有经营理念？是否严格遵循方针？经营者的姿态是否端正？公司的氛围如何？风气如何？员工们的心态如何？这些“不可见的因素”也很重要。

“观念、心态、士气、情绪这些你所说的眼睛看不见的东西，人们不去触碰。很多人觉得把精力花在这些看不见的东西上，未免太陈腐守旧了。但有这种想法，经营是不可能大获成功的。无论是可见的因素还是不可见的因素，只有同等重要地看待，经营才会成功。就拿养鱼来说吧。养鱼，只想金鱼是不行的，还要想到水。如果只想着看得见的鱼，轻视了不可见的水，金鱼很快就死了。”

人类是非常奇妙的一种存在。大家都知道，吉田松阴在23岁时，企图秘密飞往国外。他失败了，被捕入狱。当时，监狱里关押着11名囚犯，松阴很快便和他们打成了一片，他把监狱变成了一个相互学习的地方。松阴在自己传授“四书五经”的同时，还让精通俳句的人教大家俳句，让擅长写字的人教大家写字，他自己也努力学习。大家找回了自信与勇气，原本一片绝望的狱中充满了生机。后来，得到当局许可，包括松阴在内的所有人都获得了解放。

从失意到希望，从懈怠到勤勉，这种变化是松阴的人品、热忱、观念带来的，绝不是监狱内的装修、设备、设施的改善造就的。是松阴的观念、想法这些无形的东西让囚犯们产生了如此大的变化。

关于不可见因素在经营中的重要性，我还想再举一个事例。

品质管理（Quality Control，即QC）是美国统计学家威廉·E.戴明提出的一种作业手法，但在美国却并不太成功。这是因为QC认为，只要采纳品质管理的手法、做法、方法，就会成功。

工人们确实对灌输给自己的QC做法操作得尽善尽美，他们一丝不苟地践行着被教授的内容。但他们只考虑自己的工作，只想着如何按指示去做，仅此而已，却完全忽视了身边的工作伙伴们。只要自己能做好，就不考虑身边的伙伴，这是一种事不关已、高高挂起的想法、态度。无论伙伴们的工作多辛苦，多费劲周折，自己只要到了下班时间就匆匆离去，不替伙伴、旁人着想。不仅如此，对最终是否能生产出卓越的产品也漠不关心。他们只想着："我在按照被传授的QC手法做交代给自己的工作，我在做该做的事。"

这是为什么呢？为什么每个工人都娴熟地运用QC手法，QC却没能在它的诞生地美国取得成功呢？

然而，QC在日本却取得了成功。为什么呢？这是因为不仅每个日本员工都掌握了QC的做法，同伴之间还互帮互助。

就算自己做得好，按时完成了工作，但如果身边的伙伴做得不好，有困难，不能按时完成，他们便会主动询问并提供帮助："怎么了？""我们一起想办法吧。""我帮你吧。""用这种方法试试。"当然，品质管理指南上并没有写这些，但日本的员工们却有着相互帮助、相互体贴、相互鼓气的心态。这种心态令戴明博士提出的QC在日本获得了成功。

除了指南上写的手法、顺序、做法、方法，还有对旁人的体贴、对同伴的担心等看不见的心态，从而导致了成功。这是日本工人与美国工人的不同之处。我认为这才是QC在日本成功的原因。

战后日本的经济之所以变得强大，不能忽略的原因是日本在“可见因素”与“不可见因素”两方面都付出了努力。而其他国家，或许可以说只将重点放在了“可见因素”上。

但进入平成时代[①]后，日本却开始把经营重心放在“可见之物”上。一些没有肚量的经营家大肆宣扬他们在美国等地拿到的博士学位，炫耀自己学到的理论、知识，他们认为日本传统的经营落后于时代，断定经营上不需要“不可见因素”，否定日本式经营看重的互助、体谅、观念与天性。受此影响，一些年轻的经营者们也认为这样做才帅气十足，纷纷效仿。

结果怎样呢？平成二年（1990年）左右开始出现了通货紧缩，经济一片萧条，导致了其后“失去的二十年”。

日本的经营者们应该意识到，对重视“可见因素”与“不可见因素”的日本式经营的否定才是这次经济衰退的原因。

最近，人们开始重新审视日本式经营，尤其可喜的是，年轻有为的经营者们开始再次认识到它的意义。“回归松下幸之助的经营方式”“以人为本的日本式经营”才是日本经济走向复苏之路，是日本企业获得新生的一扇门。

---

① 日本天皇明仁的年号，由1989年1月8日起至2019年4月30日。——译者注。

日本就是日本。将欧美的经营方式照搬到日本，如同“以竹接木”一般，驴唇不对马嘴，不可能成功。评论家们尽可以说些受欧美影响的漂亮话，但身为日本的经营家，这么做则是不称职的。不照搬照抄欧美式经营，而是将其作为参考，使日本式经营发展进化，努力构筑起“新日本式经营”，这是对现在的经营家和经营学者们提出的课题。

要成为“伟大的经营家”，不应为博得人气而迷惑于世人看好的短暂流行的经营方式，也不应迷失于外来的经营方式，应该致力于对“可见因素”与“不可见因素”二者皆看重的日本式经营。这些话重复多少次也不为过。

人们常说“终身雇用、年功序列、企业内工会”是日本式经营的三大法宝，但这是不对的，这绝非“日本式经营”。这是在战后的20世纪50年代中期，来日的美国经营学家詹姆斯·阿贝格林对当时的日本企业做出的分析。战前，跳槽（为了追求技能、工资的提升而屡屡换工作）较为普遍。战后不久，在企业复苏的过程中及其后的成长过程中，企业为了留住员工，引入了福利设施与制度及“三大法宝”。阿贝格林将其理解成了日本式经营。

已故的山本七平先生指出，要弄清何为“日本式经营”，需要追溯“铃木正三、石田梅岩、涩泽荣一、松下幸之助先生这些源头”。追溯这些源头，便可知“日本式经营乃以人为本，把事业当成信仰”。

我确信，体认到“终身雇用、年功序列、企业内工会”绝非日本式经营的本质，将成为日本企业复苏的起点。

现在要去的料理店是我的

松下先生说中午要去吃鲇鱼。我们乘车前往京都西北部嵯峨鸟居本的平野屋。平野屋是一家知名的高档鲇鱼料理店，不是年纪尚轻的我去得起的地方。车辆行至平野屋附近时，松下先生突然对与他并排坐在后排座位上的我说："这一带都是我的土地，现在要去的料理店也是我的。"

那时，我在松下先生身边工作还不到两年，听了他的话，我不由得愣了一下，心想不愧是"天下的松下幸之助先生"啊。我感慨道："是吗？是这样啊！"松下先生马上又说道："这么一想，是不是心胸就变得开阔了？是不是心里觉得舒畅了？这样想有意思吧？"我一时不知该如何回答。松下先生接着说：

"这一带的土地和我们现在要去的料理店当然都不是我的，但把它们想成是我的，心里就特别舒坦。'虽然这块地是我的，但我有电器公司的工作要做，顾不上管理这些土地，所以请别人来照管它。'如果这样想的话，从此处经过时，就

会小心翼翼、安静地行驶，不影响其他车辆，更不会乱扔垃圾，摘花折枝。因为是自己的庭院，因为是别人在替自己照管，自然就会产生这样的心态。平野屋也是自己的店铺，用不着付钱，是免费的，但是把自己的店交给别人打理，想到他们平日的努力付出与今天的盛情款待，就该表示一点心意：'辛苦了，感谢你们的辛勤付出。'不是为料理付费，而是表达心意。这样想的话，对店铺的人就会心怀感谢，温柔体贴的话语就会脱口而出。怎么样？是不是觉得很爽啊？"

这时，我忽然觉得松下幸之助先生是一个风趣幽默的人。我眺望着外面的风景思索他的这番话……嗯，确实有道理。

记得听了他的那些话后，一连几日我都若有所思。例如，每天上下班时在摇晃的电车上，我就想这家电车公司是我的，但因为自己有别的工作要做，所以交给他人去经营。其他乘客都是乘坐自家公司的电车的客人，便自然不会去和这些客人争抢座位，而是率先把座位让给高龄者、抱小孩的母亲或残疾人。

精品店也是一样。那是我的店铺，但自己忙于其他工作，在其他地方居住生活，身为经营者无暇顾及这家精品店，所以让适合的人来打理。店里的商品对于我来说当然都是免费的，但对于打理店铺或在店里帮忙的店员，给一点心意钱以示感谢他们的辛勤劳动，这是为人的礼仪。"辛苦了，谢谢。"自然而然地生出这样的心情、想法。

如此说来，松下电器这家公司、松下先生所有的资产其实也都是我的。我有我的工作要做，无暇顾及经营与管理，所以才让松下先生照管的。我这么想也是可以的吧。嗯，我心领神会，无比开心。

按照这种思路，我们可以视他人物为己物。一想到是自己的，就会小心翼翼，变得珍惜。虽然也有人认为是自己的就可以为所欲为，但这种人是有自虐症或受虐症，正常人都会对自己的东西细心呵护，深爱它们。

我们在认为他人物即为己物的同时，也可以认为己物即为他人物，被视为己物的东西实际也是在替他人照管的，要爱惜，要在保管、使用上尽到责任。己物既是自己的，又非自己的。自己身边的一切都是公共的，是代人保管的。

松下先生的“公司是公有物”“企业是公有物”的观点具有极大的意义。松下先生还将“认为并向员工宣讲公司为公有物，是公有的公司”列举为松下电器取得成功的原因之一。

“有效地利用天下人、天下物、天下钱，创造或销售天下人想要的产品。虽然从法律上讲，公司是‘私有企业’，但事实上却是‘公有企业’，实为‘公有物’‘公物’。一定要认为企业是天下物、公有物、国民之物。”

这就是松下先生的观点。正因为“公司是公物”“公司是社会之物”“公司是全体国民之物”，所以不得将公司私有化；正因为是在替他人照管，所以必须光明磊落地从事经营，不得违背人们的期待，搞歪门邪道。松下先生就是以这样的观点来经营松下电器并自律的。

而且，员工们在日常工作中，也都在心里发誓：“不能只考虑自己，不得给客人添麻烦，不能生产残次品，不能弄虚作假。”“公司是公物”的观点让松下先生自己与员工们都感受到“身为劳动者的自豪”。

我负责经营PHP综合研究所很久以后才意识到，“这一带的土地都是我的”这句话，其实是与松下幸之助先生的经营哲学密切相关的。

公司非一己之企业，乃天下之公司

关于“公司是公物”，我还想再做一番阐述。

“我常说公司非个人之物。它既非我个人的，也并非每位员工个人的。它是公家的。”

经营一家公司都需要什么呢？首先需要金钱吧。没有钱则无法创建公司，也不能从事经营。但那笔钱却并非为谁所有。我们常说：“钱乃天下周转之物。”它原本就是公家的。

其次需要的是物（材料）。追溯起来，也可以说是公家的。无论铁、铝、铜或是木材，都不是人创造出来的，而是人将它们发掘出来，进行加工，制成零部件。

当然，人也非私有物，不为个人所有，不属于某个人，而是天下的。

这样想来，岂不可以说构成经营基础的人、物、钱“皆为公有”？何况制造、销售的产品也是天下人需要的产品。

松下先生接着说：

“如果是这样的话，我们用天下的人、物、钱来经营企业，必须承认这家企业也是天下的。不能说是个人的，它是公家的。所以，企业需要为了社会、为了世人，起到它应尽的作用。我们的公司不是个人的公司，而是公家、天下的公司。我们工作不是为了我们个人，经营也不仅仅是为了我们自己。我们工作是为了社会世人，为了社会的发展、大家的幸福。我一直这样告诫全体员工。”

于是，员工们也会认为工作不仅是为了他们自己，也是为了社会。他们为工作而自豪，想竭尽全力地投入到工作中。“奉公之心”在员工们的内心悄然产生。

“所以公司才会不断地发展。可以说，员工的这片心意或者说是自豪感，是松下电器发展的原因之一。”

反之，“公司是一己之物，是经营者个人的”，“是出资的股东的”，“不用对社会负责”，“自己的公司赚钱就行了”，“只要不触及法律、不败露，只要有钱赚，做什么都无妨”……像这样没有公共意识的公司是不会为社会着想的，即使嘴上说得漂亮，在心里也不会为社会、顾客考虑。因为有这种意识存在，才会制造销售有缺陷的产品，捏造汽车消耗燃料的数据，长年在账目上弄虚作假，骗取他人的钱财，毫不在乎地做有害社会的事。这样的公司是不可能持续性发展的。

“我的生意虽小，但它是公家的。它在法律上或许是私有物，但其本质是公有的。我意识到这些是从商十四年后。此前，我只不过是一个平凡的钻研者（只会工作的意思）。但当我意识到这一点后，一种使命感油然而生。为了这个使命鞠躬尽瘁是我的生存之道，这成了一个强大的动力。”

什么是生意人的使命感

松下先生不止一次，甚至是执拗地指出“使命感”与在此基础上制定的“方针”对开展经营的重要性。

使命感——我们公司因具有怎样的使命感而存在？

基本理念——以使命感为前提，有什么样的方针？即：经营是为了什么？以什么样的观点致力于其中？

具体目标——以什么作为当前目标？

最终目标——在哪个终点着地？

松下先生一直强调使命感与方针的重要性。尤其对于使命感，松下先生反复讲述了它在开展经营上的重要意义。

> **“经营者要做好各种精神准备。拥有什么程度的使命感，在多大程度上意识到它的存在，这些都会给经营带来变化。”**

然而，在创业之初，松下先生也不知道究竟要如何开展经营。

“回想最初开店时，工作只是为了填饱肚子，所以生出了要制造电器产品的平凡念头。但过了一年，有五六个工人了，就需要为他们的将来着想。后来又有了十几家客户，也就不得不考虑他们的立场，自然而然地产生了责任感。虽然只是一家小厂，但却感受到了使命感。”

虽然称作使命感，但那时松下先生的使命感还只是停留在要为员工的生活着想，为客户的立场着想这种程度。称其为责任感，或许比使命感更为恰当。

“我虽然做了很多事，但心里却还是七上八下的。我在做生意，但这么做好吗？我有没有做了令人不快的事呢？我的内心不断涌动出这些想法，无所适从。虽然生意做得不错，我却每日心情沉重。在我的店铺附近有人开了家一样的店，自然形成了竞争。虽然我们处得不错，但在生意上是竞争对手。大都是我在竞争中占上风，这于我虽好，但那家店却渐渐地变得不景气，最终倒闭了。虽说竞争令人无可奈何，但我心里还是沮丧极了。你死我活，难道不是我让那家店倒闭的吗？这岂不都是我的责任吗？”

这样还怎么从事目前的生意呢？最终岂不是会摧毁自己的同伴吗？松下先生产生了这些烦恼，工作起来也就力不从心了。他开始思考自己为什么要制造电器产品，为什么要经商，这样做是否真的合适。

我认为松下先生如此烦恼是符合他深入思考的性格特点的。然而，此时的松下先生绞尽脑汁也没能得出任何结论。就在那时，一位信奉天理教的友人屡次找到他，劝其入教。

“从前，有个生意上的客户来找我。那个人信奉某种宗教，非常热心地劝我也入教。我无意信教，听了他的话，我说让我考虑一下吧，就打发他回去了。但那个人多次来找我，特别执着。

“我终于被他的热心打动，决定去那个教派的总部参观。结果去到那里，便目睹到令人吃惊的光景。宽阔的庭院差不多占据了整条街的一半，分布着主建筑、教团设施。当被带到正殿，我又被建筑物之大所震惊。不仅如此，信徒们个个精神十足地在劳作。虽然是初次见面，每个人却都笑着和我打招呼。他们挥动扫帚打扫庭院，院内一尘不染，一切都是那么井井有条。正殿的走廊上，有十几个人正在拼命地擦拭着。

“我记得在那样一种气氛中，自己在正殿前不由自主地低下了头。”

松下先生在友人的指引下在院内漫步，走到一座尚在修建的教祖殿前，那里也有很多信徒在无私地奉献劳作。无论是谁，无论哪位信徒，每个人都在挥汗如雨，辛勤劳作。友人最后带松下先生参观了木材加工所。这可不是临时设立的加工所。怎么建了一座这么大的加工所呢？还安置了这么好的机器设备。足足有一百个人在从事操作。松下先生想，每天有这么多人从事木材加工，建设中的教祖殿很快就会完工，到时，这个加工所不就没用了吗？根本没有必要建这么正规的加工所啊。

于是他向担任向导的友人提出了这个疑问。友人笑着说："松下先生，无需为此担心。现在建设中的教祖殿完工后，还是会接二连三地有修建任务。要修建这些建筑物，是离不开这个加工所的。"闻听此言，松下先生吃了一惊。在对天理教总部的一整天的参观中，松下先生受到了相当大的冲击。

"在回程的电车上，院内的光景像走马灯一般在我的脑海中转个不停。把它与直到昨日一直在困扰着自己的疑问放在一起来思索，我感受到了巨大的差异。同行倒闭了，难道不是因为自己做了什么不好的事吗？店铺经营就是为了赚钱盈利，这对吗？无论做什么，我都觉得心虚，强势不起来。我被世间蔑视地称为生意人。为什么宗教却如此强大，表现得铿锵有力？在电车上，这些想法始终在我的脑中回旋。"

宗教针对的是人内心的安宁，告诉人应该保持怎样的心态。

心灵的教义对人而言极为重要，需珍惜对待。但物质不是也很重要吗？人只有在心灵得到宽慰，物质方面也获得满足时，才会感到幸福，即所谓的“心物一如”。要是这样的话，有物质往来的生意应该是和宗教同样尊贵的，不是也应该像宗教一样受到来自社会的好评吗？从救赎人类的意义来看，宗教和从商应该属于同次元啊。

这种观点始终在松下先生的心里、脑海中萦绕。为什么？究竟是为什么，人们对宗教予以高度评价，却蔑视从商呢？为什么呢？松下先生在电车上一直在思考这个问题。突然，他恍然大悟，想出了答案：

“那是因为从商没有使命感，宗教却有救赎人类的重大使命感。这就是答案。对，没错。从商缺少这样的使命感。没有这种使命感，安守于现状，即使热心经营，也不会拿出什么强有力的行动，依旧被世间蔑视、轻视。我又想，什么是从商者的使命呢？左思右想，我想到了，那就是要消除贫困，让社会变得富庶，拯救世人。让贫穷从世间消失，用物质拯救人类——这就是我们从商者的使命。我意识或者说是领悟到了这些。就在这个瞬间，形成了我在经营上的基本观点——依靠物质拯救人类的使命感。有了这样的使命感之后，我更加坚定地推动了自己事业的发展。”

虽说参观天理教总部是松下先生产生这样的领悟与灵感的直接诱因，但结合从松下先生那里听来的其他话看，他一直在思考着的、烦恼着的、时不时想到的一些碎片始终在他的脑海里回荡。水池里结冰时，先是形成一些小小的冰片，然后，它们在瞬间结合在一起，冰冻布满水池。参观天理教总部，引起了浮游在松下先生脑海中的琐碎思绪的化学反应，让他领悟到使命感，成为决定松下幸之助先生经营基础的“经营思想大变革”的契机。无论何事，如果不是反复地烦恼和思考，都是不会有所悟的。

对使命感的领悟和感受有多困难，或许无法用语言来说明。即便是松下幸之助先生，也是再三烦恼、再三痛苦、想了又想，才感悟到使命感的。归根结底，它只能靠经营者、领导者自身去感悟。而这关系到广大员工的命运。

经营者、社长必须拼命烦恼、思考、领悟。即使再难，也要感悟、领会使命感。经营者、负责人、一切肩负指导责任的人都要记住，不根据使命感决定方针，是绝不可能光明磊落、坚定有力地发展经营的。

大量地生产物美价廉的产品，在任何时代都是重要的

什么是从商者的使命呢？是将贫困从世上赶走，是让世间变得更加富庶，是从物质方面拯救人类。具体来说，松下幸之助先生的领悟可以用“物美、价廉、量大”这些词语来表达。

“通过物质上的丰富拯救人类”是经商、干事业之人的使命，那么，要怎么做才能实现这个使命呢？“生产卓越的产品”是理所当然的。但仅仅这样还是不行的，还需要做到“廉价”，既要让顾客认可，也要让经商者认可。此外，还不得给顾客带来不便，不会出现供给过度或不足的情况，商品的数量充足。照此看来，通过向顾客提供“物美、价廉、量大的产品”，才能够实现富足的社会。

对此，该如何说明才能让大多数人理解并引起共鸣呢？松下先生一直在思考这个问题。

有一天，他正在路上行走，看到有行人拧开路边的自来水龙头，痛快地饮水喝。但是包括自来水的所有者在内，虽然有人责怪路人粗鲁无礼，却没有人斥责他偷水喝。

这时，一个念头闪电般地从松下先生的脑海中闪过。对啊，“大量生产的物美价廉的产品”，不是和自来水一样吗？从世间赶

走贫困，就是消除罪人。偷水也不受责难，是因为自来水虽也是有价的，但数量充足。生产者的使命就是消灭贫困，让贵重的生活物资像自来水一般无穷无尽。无论多宝贵的东西，如果能增加它的数量，以接近无偿的价格来供给，就不仅带来物质上的丰富，也能够使精神变得丰富。通过物质的丰富，让精神富足，让人们幸福，给世界带来和平。产业人的使命就在于通过提供“大量物美价廉的产品”实现社会的和平、幸福与繁荣。松下先生想到这些，大大地喘了一口气。

“大量生产物美价廉之物，就像自来水一样，无论是现在还是将来，在任何时代都是重要的。这也是干事业之人的一场奋争。因为好销，便标以高价，最初可能看不出什么，但很快产品便会失去销路。要拿出真正有价值的商品，供给物美价廉的商品，既不多也不少。如果不在心底这样看待生意，店铺、公司迟早都会倒闭。”

虽然松下先生自己从未将这种观点称为“自来水哲学”，但随着它的广泛流传，街头巷尾，人们普遍将其称作“自来水哲学”，这种称呼变得脍炙人口。

有时候，人们只停留在表面上的理解，一些有识之士对“自来水哲学”提出了批判，所以请允许我再做一番补充说明。

有的人认为，日本的物质已经很丰富了，用不着再考虑这些事。但果真如此吗？人们现在常说“贫富差距”，“大量生产物美价廉的产品”这种想法已跟不上时代。那么，我们有勇气说“少量生产物美价高的产品”吗？如果有勇气这么说的话，岂不是站在富人一边提出过于傲慢的主张吗？

我们不能忘记那些在水深火热之中过着贫困生活的人们。在增加收入、扩大可支配收入之后的“高价”“少量”尚可原谅，但没有行之有效的政策，单纯地批判“大量生产物美价廉之物”这个观点，岂不是傲慢的高高在上的愚蠢论调吗？

放眼全世界，发达国家只有少得可怜的一小撮，世界人口的80%～90%至今仍过着贫困的生活。只看我国的现状，认为商品已经足够廉价了的话，那是富裕国度的傲慢。不是仅仅从道理上考虑，而是直视现实思考，我们仍需将“大量生产物美价廉的商品”作为我们人类的使命和责任去坚持。

在这样的情形下，能够说“论精神的富足”是人道的吗？在弄洒了联合国救援队给的牛奶，捧着沾满牛奶的沙子的小女孩面前说道德、说人伦，难道能够做出如此不慈悲的事吗？在谈论人道之前，难道不应该先给那个女孩子“满满的一杯牛奶”吗？

正因如此，松下幸之助先生认为首先应该实现物质上的丰富，然后再论精神上的富足。在孔子的《论语》中，去到贫困国家时，孔子也说：“这里先要实现经济上的富足，然后再教为人之道。”《管子》里也有“仓廪实而知礼节，衣食足而知荣辱”的描写。大概松下先生也是持同样的观点吧。

这样的观点后来发展为松下幸之助先生提出的“通过繁荣实现和平与幸福（Peace and Happiness through prosperity）”的PHP

运动。归根结底，PHP运动是“through prosperity”，是“通过繁荣”，我们需要理解这里体现了松下幸之助先生的独特的实践哲学。也有人说是“心物一如的繁荣”。很明显，这是错误的。Prosperity这个词里没有“精神的富足”的含义，它指的是物质上的丰富、金钱上的成功。为了躲避对“以物质为中心”的批判，没有经过深思熟虑，而提出“心物一如的繁荣”这种矛盾的表达，可以说是不理解松下先生的真意，不理解何为“领悟”，是对“繁荣”的轻薄的理解。

产业人、企业人如果不向“大量生产物美价廉的产品”这个目标发起挑战，技术就不会得到发展，也不会产生创意。而没有了这些，就是“温水煮蛙现象”，企业与店铺将来一定无法存续下去。如果对松下先生的“大量生产物美价廉的产品”这一观点唱反调，非要站在对立面去经营、从商，那也只好悉听尊便了。

想想看，“卓越的产品”这个概念与“廉价”的概念、“大量”的概念可以说是相互矛盾的。想要生产“卓越的产品”，就要费工夫，成本也会变高。要“廉价”“大量”地生产是非常具有难度的，近乎不可能。为了把不可能变成可能，科学家、技术人员、产业人拼命地努力，所以我们才能看到今天的发展。“大量生产物美价廉的产品”的努力不断地带来技术革新。

“卓越的产品”不仅指产品的品质高、性能好、便利性强，还包括是否是真材实料。采用威胁自然与人类生存的材料和制造方法生产出来的产品，不能称作“卓越的产品”。如果使用的是破坏自然、有害人类的材料，就算性能再好、再方便，那也不是“卓越的产品”。“卓越的产品”直到充分发挥效用后被丢弃，都不会给人类与自然带来坏的影响。在今后环境问题成为重要课题的时代，生产“卓越的产品”将越发重要。

“价廉”仍然是我们要追求的。它指的是买卖双方都认可的价格，价格适当就是这个意思吧。卖方大赚、买方大亏或卖方大亏、买方大赚，都不是“适当的价廉”，这叫“不当价格”“不适当的价格”。虽然如此，“价廉”真的是价廉吗？“适当的价廉”真的是适当的价廉吗？不言而喻，产业人、企业人的挑战就在于此。从经济出现很久以前，这就是产业人、企业人、生意人不停追求的“永远的课题”。

提供“大量物美价廉之物”是对身为王者的人类、伟大人类的“根本礼节”。毫无疑问，这种观点存在于松下先生的思维深处。

身为经营家，放松玩乐是失职的

在松下先生身边工作了四五年的时候，我们在他西宫家庭院的茶室里饮茶。喝完茶后，我们闲聊了一会儿。正是夏天，我们就聊了聊天气热、最近的政治等内容。但松下先生突然转变了话题，一改刚才温和的态度说道：

“有句话叫‘玩乐无戒心’，但玩起来就没有了戒备心的人是成不了经营者的。还有人毫无顾虑地倒头便睡，这种人也没有成为经营者的资格。想想信长，织田信长，信长在喝酒的时候也没忘记过邻国、敌国。如果没有拼上性命的觉悟，他是无法统一全国的。经营者也是一样，要有‘玩乐时也不放松警惕’的觉悟与‘拼上性命’的觉悟，否则便不能成为经营者。”

年纪轻轻的我，不知该如何作答，嗫嚅了半天才说了一句：“这么严格吗？”但正因为是语气强烈的话语，松下先生当时的样子和他的那番话后来一直没能在我的脑海里消失。

回首往昔，确实，松下幸之助先生绝不是一个会把经营完全忘在脑后的人，他甚至将全部身心都倾注在了经营当中。不仅是在公司的时候，就是在看电视广告时，他也在想自己公司的产品怎么样了？有没有生产出令顾客满意的商品？坐在车上，当看到周围没有松下电器的招牌或店铺时，他就想商品是不是好销？有了疑问，他总是立即打电话向负责人确认，有时还会具体下达改革指示或把负责人叫来让其报告情况；或者思考，在得到启发后立即进行实施。就连睡觉时，他也在考虑经营、考虑工作。有时他还为日本这个国家思前想后，没有片刻放松。

有一次，松下先生问我："你知道我们现在有多少员工吗？"当时大约有两百五十名员工，我便如实做了回答。松下先生立刻说："是吗？一千人啊。""不，是两百五十人。"我纠正道。松下先生说：

"你看，这两百五十人，他们有老婆孩子，还有家人吧。每个人的情况各自不同，但按照一位员工要照管三位家人计算的话，那可就不是两百五十人了，要按一千人来考虑。一千人的生活都指望你了，要带着这样的念头去经营啊。"

我永远都不会忘记松下先生的这番话。经营者左右着几人、几百人、几万人的员工和他们家人的生活、生命，要对他们负责。经营者对经营不能有丝毫的松懈，必须有"从人生中去掉工作便一无所有”（人生－经营＝0）的觉悟和实践。可以说，松下先生作为经营家的七十年，是赌上性命投身其中的。

不能全身心地投入，或需要偶尔彻底地远离经营、清空头脑、释放精神压力的人，是不具备经营者资格的。松下先生的话也许过于严厉了，但至少在一家公司，如果没有一个人赌上性命投入经营的话，公司是不会有所发展的。而这样的一个人当然是身为经营最高负责人的经营者、社长。他们当然不能和员工一样，放松身心，清空头脑，去玩乐，去打高尔夫，去休假。“不能放松玩乐。”从这句话中，我们不难窥见松下先生身为经营家的觉悟。

“有个词叫‘先忧后乐’。在一个组织中，至少最高领导者需要有先忧后乐的用心，而不是像员工一样玩乐，像员工一样休息。玩乐、休息当然重要，但像员工一样，不，甚至超出他们那样去玩乐、休息，是万万不行的。这样的人经营不可能取得成功，经营没那么简单。经营者需要‘先员工而忧，后员工而乐’。就算员工在玩乐，自己也要埋头工作。就是在玩乐时，头脑也不能停止运转。有了忧患在先的意识，就会那样做，会事事想在所有员工的前面。否则就是不称职的经营者。”

松下幸之助先生对经营者尤其严厉。以我为例，在我担任松下先生的秘书时，和我负责PHP综合研究所的经营时，他与我的接触方式和对我的严厉程度有着天壤之别。他对普通职员温和慈祥，但对经营负责人的严厉有时甚至达到了苛刻的程度。但在松下先生严厉的表现中，蕴含着其骨子里流淌的“人皆伟大”的人类观，所以，不仅是我，每位经营责任者都感受到了他“严厉中的温柔”。

“每次遇到难题时，我都扪心自问自己对工作是否拼命努力了。当我意识到自己并没有拼着性命在做的时候，我就会做诸多反思。于是，心念一转，迎着困难而上。就这样反反复复，我产生了勇气，我不断地想主意下功夫，困难便不再是困难。这样的体验数不胜数。”

经营者如果有为了大家去死的觉悟，为了部下去死的觉悟，大家都能感受到。如果能以“人生－工作＝0”的想法投入经营，全体员工一定能体会到。否则，部下不会心悦诚服地追随领导者、经营者。

幕末时代维新时期的风云人物山冈铁舟和侠客清水次郎长之间有一段脍炙人口的对话。铁舟问次郎长：“你下面有多少兄弟为了你不惜生命？”次郎长速答：“一个也没有。”他马上接着说，“但为了兄弟们我随时可死。为了兄弟们抛弃自己的生命太容易了。”没有人不为次郎长的话感动吧。经营者、责任者就应该这样。

还有一个广为人知的故事。秀吉和毛利征战时，用水攻下备中（今冈山县）高松城。他修筑起长长的堤防，将附近的河水注入其中，把城的周围变成了湖，使其处于孤立无援的状态。高松城被秀吉的大军团团包围，大水又阻隔了援军，守城的士兵弹尽粮绝，陷入等死的绝境。

这时，守将清水宗治答应了秀吉以自己的首级换城中士兵之命的讲和条件，自己划船到水中央，在敌我的注视下，从容切腹。战国武将都有拯救部下性命的心理准备。有句话叫“一将功成万骨枯”，但万骨是不会平白无故地为了一将而舍弃生命的。在这背后，有着像清水宗治一样的将领，在战事失利时，敢于将责任揽上身，有舍弃自己的生命救助部下性命的勇气与责任感，这是部下将生命作为赌注的动力。

这当然也适用于今天的领导者、经营者。幸运的是，在今天这个时代，不会再有性命之忧。但无论什么时代，如果不以一定的觉悟投身经营的话，都是不可能成功的。

心怀坦荡，自然明白什么是正确的

“我写过一本书，叫《领导者的条件》。我在书中列举了大约一百个条件，其中最重要的一条就是人品，也可以说最后都归结到这一条上。不仅是对经营者，对所有的领导者也都有同样的要求——要有温暖之心、体恤之心。即使其他条件都具备，但如果人品、人性不好，最终也不会有好的结果。”

松下幸之助先生确实非常重视“人品”。这也是只有自己创建企业，并获得成功的人才会有的想法。员工们齐心协力投入到工作中，互相帮助，拼命工作，如果经营者对员工们的努力感到难能可贵，充满感激，他们自然会体贴、关怀员工、部下；而且不仅对部下有感谢之情，有体量、温暖之心，对任何人都有。这样的人品，对于领导者、经营者来说尤其需要。

温暖之心、温馨的氛围、暖人的话语……人品的好坏决定了是受人仰慕还是让人远离，它体现为领导者和经营者的统率力、信息力有着巨大的差异。极端地说，人品好，则能“默默地驱动他人”。人品即是人格魅力，也是“人望”“人德”。总之，松下先生想说的是身为领导者、经营者，不能懈怠培育自己的好人品。

“其次是必须诚实。遇事认真思考、行动也是极其重要的。拼命努力，诚实思考、行动，投入工作。领导者、经营者尤其要诚实。上（=领导者、经营者）不诚实，下（=部下、员工）则效仿，对工作懈怠。自古以来就有‘上行下效’‘上行下学’的说法。部下们都在盯着领导者，盯着社长，盯着上司，他们无时无刻不在关注，好似不在意，其实一直在盯着看，部下就是这样的。所以，领导者、经营者如果不能做到诚实，公司和组织就会乱得一团糟。”

常听说有的社长拿着交际费，每天去喝酒，每周去打高尔夫。有个客户的负责人邀请某位社长在下个休息日去打高尔夫，那位社长说休息日就算了，还是工作日去吧，休息日要陪家人。这位社长在员工们努力工作、挥汗如雨的工作日去应酬打高尔夫，员工们还会追随他吗？或者自己上班屡屡迟到，开会姗姗来迟，却要求员工们不要迟到，这不是诚实吧。

默许财务弄虚作假，或对虚假的燃料费数据睁一只眼闭一只眼，整个组织、整个公司、全体员工自然会变成一盘散沙，这种意识会慢慢地将组织、公司引向衰退。领导者、经营者对“诚实”，尤其是“点滴小事的诚实”的重视，关系到巨大的成功与发展。人们往往小看小事，就像刚才提到的，有的人觉得“迟到乃区区小事”，但这“区区小事”才是重要的。

纽约自20世纪80年代起就因多发犯罪而闻名于世。但鲁道夫·朱利安尼于1994年任市长后，运用美国犯罪学家乔治·凯林的“破窗理论”（Broken Windows Theory），用五年时间戏剧性地恢复了纽约的治安，游客们纷纷重返此地。

“破窗理论”是环境犯罪学的一个理论，简而言之，就是“如果一个房子的窗户破了一小块，而被置之不理的话，就没人会去关心、注意，不久，其他窗户也会遭到破坏”。

“只是窗户破了这么点小事”，却会导致“扩大的犯罪”“巨大的犯罪”。这和刚才讲的事例正好相反，但实质是一样的。“诚实的点滴积累带来巨大的发展”与“破窗理论”似乎有着相同之处。领导者、经营者对“诚实”“点滴积累的诚实”的重视难道不是非常重要吗？

“经营者必须坦诚。极端地说，只要完全具备了这种坦诚之心，其他的什么都可以不要。只要坦诚之心就够了。是这样吧？有了坦诚之心，自然明白什么是正确的，知道该做什么。所以，如果能成功做到拥有一颗坦诚之心，就足够了。就是这么一回事。”

关于坦诚之心，前面已多次讲述过，此处就不再赘述了。但松下先生的“坦诚之心”并不是我们常说的“孩子般的纯真之心”。童心是“无知的心”，在不能喧嚷的地方喧闹，去到危险的地方，受伤、丧命，这能叫作“坦诚之心”吗？

佛教中的“无心”“空心”也与“坦诚之心”完全不同。人们常说“心无挂碍、心无拘束、心无偏颇”，这是《般若心经》里的“空心”，也并非“坦诚之心”。

“空心”与“无心”是指尽知世事却仍为“空”“无”的心，所以盘腿打坐非常重要。松下先生所言的“坦诚之心”不是“童心”，亦非“无心”“空心”。松下先生的“坦诚之心”是“伴随正义之心”，用松下先生的话来说就是“遵循天地自然法则之心”。

领导者、经营者需要做出正确的判断，其行动要遵循自然法则。“我需无有私心”“我不可违背自然法则”“我要坦诚”，松下先生认为拥有此心是领导者、经营者的“绝对条件”。

除此之外，松下先生还对我说过无论领导者还是经营者，都要懂哲学、擅用智慧、行动敏捷、让周围的人感动、拼命投入经营、人品好、德高望重等。前面提到过《领导者的条件》一书，松下先生在“后记”中列举了大约一百个条件，虽然完全做到比较困难，但“无论哪一条，身为领导者都是不可或缺的”，所以此处介绍的每一条对领导者与经营者而言都是必须的。

要想成功，想得到发展，身处经营者立场的人就应该努力靠近我在这里写到的松下先生所言的各种条件。

冷静地思考，再融情于理

我是在三十六岁的时候，被任命为PHP研究所的经营负责人的。松下先生打电话到我家，我们闲聊了一会儿，他突然说："从明天开始，你来负责PHP的经营吧。"因为过于突然，我一时没反应过来，随口答道："好的。""是吗？你愿意做啊？"松下先生挂断了电话。

我的内心狼狈不堪。怎么办啊？我虽然答应了松下先生，但我仅仅是在他的身边做过一些无足轻重的工作。怎么办？该如何是好？那晚，我彻夜未眠。在漆黑的房间里，我躲在被子中，头脑却格外地清醒。

在一筹莫展中，天渐渐地亮了。我决定拒绝松下先生。做不到的事就是做不到，没有信心的事就是没有信心，我决定回绝他的邀请。

次日，松下先生在他位于京都的另一所私邸枫庵，我和他联系过后便赶往那里。途中，我对如何回绝他进行了多次演练。

当时已是四月下旬，但怕冷的松下先生却还躲在被炉里。他对我说："你也一起进到被炉里来吧。"四月下旬已经没有那么冷了，我又是乘电车心急火燎地赶过来的，汗流浃背，自然不会再钻到被炉里。但我不能辜负松下先生的一番好意，于是我端正跪坐，只把被炉的被子稍稍搭在膝盖上。

“怎么了？你有什么事吗？”“是昨晚您让我负责PHP经营的事。”“那件事怎么了？”我略带紧张地说：“感谢您的栽培。但昨晚我仔细考虑了一番，以前我从来也没有接触过经营，我没有信心。实在抱歉，您就别让我负责PHP的经营了。”我边说边低下了头。

没想到松下先生并没有生气，他用平时闲谈的语调说：“啊，是吗？你做不了啊。那也没办法啊。”“谢谢您的谅解。以后，我会有意识地加强学习，争取能够信心十足地接过这个任务。”我再次低下了头。说完后，我仿佛捞到了救命稻草一般，一下子松了口气。

我们继续像平时那样闲聊着。“你吃个橘子吧。”松下先生说。那时，我们几乎每天都会见面，甚至周六、周日也不例外。我们没有什么特别的话要谈，有一搭无一搭地继续闲聊了一会儿。突然，松下先生说：“你就先做做看吧。”我原以为那件事已经过去了，没想到在我拒绝之后松下先生还这么说，我没有再次拒绝的勇气，于是答道：“好吧。”别无他法，我只能尽力做做看了。

这时，松下先生轻轻地点了点头，问道：“你愿意做？”他又沉稳地，像是在确认似的说，

“以后，你要冷静地考虑问题，然后再融情于理。”

他的这句话成为我后来开展经营的一个指针。我渐渐地体会到“冷静”是不为任何事左右，直率地思考判断，进行决断，实践该实践的那些事。但是，仅仅率直冷静地思考、决断、实践，往往会变得冷漠，所以，一定要加入温情的体谅，融情于理是极其重要的。只有这样，员工、部下才会跟随领导者、经营者。总之，只讲理，就算在道理上行得通，组织与公司也不会有所发展，员工、部下也不会理解认可。

需要某个人辞职或让他人代替他的工作，这个时候，领导者、经营者也会心生怜悯，也会痛心难过。这种情况下，不能只让其离职或找人取代了事。有个故事叫“挥泪斩马谡”，“挥泪而泣”是必要的。

这是《三国演义》中的一个故事。马谡是中国三国时期蜀国的武将。他在街亭之战中违抗将军诸葛亮（孔明）之令，打了败仗。马谡是诸葛亮的得意干将，但因违背军纪，被诸葛亮处死。当时，诸葛亮泪流满面。

违反了军纪、军规，被处以死刑是自然的。如果诸葛亮此时没有痛哭流涕的话，也许今天他就只剩下一个“冷酷将军”之名了。但他潸然泪下，透着人情味，所以才令众多部下仰慕，也受到庶民的尊敬。至今，在成都、南阳还有供奉他的武侯祠，众多游客纷至祭奠。

是否有情？是否倾情？松下先生“要冷静地判断，再融情于理”的话语对于后来成为经营者的我来说是“价值千金之语”。如果不近人情，不讲人情，那么冷静的判断对全体、对个人都无益处，甚至还会招致员工、部下的怨恨。该做的绝不手软，但还要动之以情，有体恤之心。松下先生以极其简单的话语说出了这对于经营者、领导者的重要性。

“人皆伟大，人皆王者”是松下先生的人类观，所以在从事经营时，他根深蒂固地认为每一个人、每一位员工、每一位部下“都是王者，他们的存在犹如钻石一般，是伟大的存在”。这很重要。对于每一位职员，他都认为“这个人的存在非常了不起，他在本质上具有伟大的力量”。这样想，自然便会使用谦恭之辞，向部下征求意见，向部下发问，或者对部下信赖有加，放心地把工作交给部下，委任权限，放手让部下去做。脱离了松下幸之助先生的人类观，经营是不会成功，不会取得发展的。

都明白了吧，对于经营者而言，最重要的便是松下先生的这种人类观。弄不清楚该如何看待、理解人类，是无法获得经营上的巨大成功的。

“今后，你作为一名经营者，必须牢记该怎样看待、理解一个人，即人类观。无论是谁，本质上都是钻石，都是伟大的存在，都有卓越的能力。这种人类观就好比是经营的第一颗纽扣，一开始扣错了的话，就无法把衣服穿好。其次，要有使命感，以坦诚之心投入经营。做到了这些，就一定能成功。”

“冷静地思考，然后融情于理。”松下先生说完这些话后，一边与我闲谈，一边向我讲述了他的人类观。对此，我至今记忆犹新。

第六条　贯穿始终的人类观

我死而无憾

松下幸之助先生和我两个人就人类观展开的学习讨论会，我在前面已经提到过多次了。尽管有些重复，我还是想再详细地谈一谈。

“咱们俩一起学学人类观吧。”昭和四十六年（公元1971年）7月初，松下先生这样说道。早在昭和二十六年（公元1951年），松下先生就写成《人类宣言》这本书，将人类观公布于世。但由于当时的时代背景及出版数量有限，几乎不为人所知。

在随后的二十年间，松下先生多次对自己总结的人类观进行研究，一直没有停止思考。我的前辈，PHP研究所的时任研究员们，每次都会将松下先生的新观点补充进书稿，重新编撰。最后定稿后，松下先生向我提出：“咱们一起来学习人类观吧，咱们开始研究学习吧。”

在松下先生京都私邸的日式房间里有一张大桌子。松下先生坐在壁龛前，我跪坐在他的右侧。人类观的书稿就摆在松下先生和我的面前，我的书稿是复印件。我逐页诵读。松下先生边听边用目光追逐稿件，遇到有问题的地方，他会说“稍等”，将我打断，指示我："这里，这样重写一下。""此处换一个表达方式。""这个地方再说明得细致一些。""这个地方你再查查看。"我的工作就是按照他的指示当场进行修改，或者在学习会当晚查找资料，转天再进行汇报及确认修改。

老实说，这个所谓的学习会令我苦不堪言。松下先生一般在早上九点左右到达。我们两个人在饮茶室呆上二十分钟左右，然后就开始学习会。从第一天开始一连几日，比起学习本身，长时间地跪坐、忍耐酷暑、不停地大声朗读更加让我痛苦。但松下先生姿态端正地跪坐在那里，目光一动不动地落在书稿上，我在他身旁也不好乱了方寸。

从未长时间跪坐过的我才过了二十分钟，便腿脚麻木，疼痛不已。后来，疼痛直窜脑门，我一边忍着疼，一边"学习"。不仅如此，七月正值夏季，天气暑热，虽然松下先生身为电器公司的大老板，但不知何故，他的房间里却没装空调。京都的夏天潮湿闷热，走廊的玻璃门又大敞四开，外面的热气也都涌进了屋里。

何况我还要大声诵读书稿。我不时擦脸上的汗，但却没法擦拭大汗淋漓的后背。而且我是俯身读稿的，胸前也在淌汗。在学习的过程中，我脑子里始终想着腿脚疼和暑热。

更辛苦的是我还必须不断地出声诵读。2000坪的庭院里种满了树，树上不知落了多少只蝉，它们一起鸣叫，噪音之大可想而知。虽然松下先生与我距离不到一米，但因为玻璃门敞开着，为了能让他听见，我声嘶力竭。

读着读着，我的脑袋开始发蒙，眼也花了起来。三个小时后，尽管还是白天，但我感觉除了我正在读的那一行字之外，周围都暗了下来，变得一片模糊。等连续读了四个小时后，别说是一行字了，我只能看见一个一个的字。到后来，费了半天劲才能看到的一个个文字在我眼中就仿佛跳蚤一般从稿件上跃然而起，这样一来，我就很容易出现中断或误读。

“你等一下，这里的表达方式改一下吧。”松下先生指示说，“这一页想表达的是这个意思。”松下先生的研究非常彻底，有时要求全面改动，有时细致入微地研究某个细节，例如“把‘但是’改成‘然而’”，“把‘大概是’改成‘我想是’”。他每天这样研究个不停，一直忙乎到傍晚五点。这种状态持续了半年，我遭受着“疼痛、暑热、艰苦”的“三重苦难”。

在学习会开始后最初的两三天，松下先生的注意力令我大为惊奇。我在“疼痛、暑热、艰苦”的干扰下努力朗读书稿，我突然朝松下先生看去，他不仅端正地跪坐在那里，而且脸上一滴汗都没有。当时已七十六岁高龄的松下先生，穿着和服坐在壁龛前，一副很凉快的神情。我不由得将他和自己比较起来，人上了年纪，就不会觉得热了啊。我一边对此钦佩不已，一边惦记起午餐来。到了十二点，音乐旋律从附近的动物园传来。尽管如此，松下先生却不说：“咱们吃饭吧。”还不吃吗？还不吃吗？年纪轻轻的我光惦着这事了。十二点半过了……一点过了……松下先生还是一言不发。我已经饿得肚子咕咕叫了。“今天是不是不给饭吃了啊？”我死心了。到了一点半，他总算发话：“已经是中午了，吃饭吧。”

总算捱到要吃饭的时候了，我一边回答“是”，一边看了松下先生一眼。我吃了一惊，刚才可以说是一滴汗都没有的松下先生，此刻脸上却涌出了豆大的汗珠。“真热啊，天真热，你把我的那条干毛巾拿过来。”也不是现在天才开始热的，一大早就这么热啊，但埋头研究的松下先生忘记了暑热，他聚精会神地看稿，忘记了其他的一切，甚至忘记了暑热，他将全部身心都投入到了书稿中。正如“心静自然凉”这句话的描述，他在研究时投入了全部的注意力，因此没感觉到热。

松下先生忘我投入地对人类观苦心思考，直到半年后，他将自己的人类观汇总成《为人之道》这本书。

我记得在那一年的12月10日左右，松下先生起身去洗手间时，我坐在那里稍微松了口气。过了一会儿，听到走廊里传来松下先生的脚步声，我马上像平时一样端坐好。因为季节的原因，走廊的玻璃门和内侧的拉门都关得严严实实的，从里面自然看不到外面。但松下先生回到屋里，双手插腰继续站在那儿，好像在眺望隔着拉门不可能看见的颓败的冬季庭院。我不解地仰视着松下先生。

过了一会儿，先生好像自言自语一般说道：“学习会就到今天为止吧。”听闻此言，我的心里乐开了花。学习会从每天早上九点开始，一直进行到晚上五点，几乎没有周末和休息日。晚上回到研究所，我还要查阅先生指示的内容，有时还要请前辈D研究员帮忙改写、整理。我每天回到家，都已经九、十点钟了。而且，我还有本职工作要做，每天都是在极度忙碌中度过的。所以，“到今天为止吧”这句话仿佛是一根救命稻草，我想：“太好了，总算结束了。”然而，就在下一个瞬间——

“我死而无憾了。”

松下先生站着嘟囔了这么一句，着实把我吓了一跳。好像是在向惊诧不已的我说明一样，松下先生以缓慢的语调接着说道：

“以前我讲过很多话。在很多地方，在公司里，在公司外，或出于需要，或受到邀请，我讲过很多话。我也出过书。但归根结底，我说的一切都是为了这个人类观。我说过生意上的事、经营上的事和各种政治上的事，但都是为了说明人类观，我一直在强调人类观。你知道吗？把人类观这样归纳出来了，我忽然觉得我死而无憾了。”

听了这番话，我的心里产生了一种难以描述的感动与悔悟，这半年的学习会的情景在我的脑海中回旋。他是抱着这样的念头投入其中的啊。这半年来，松下先生就是这样拼命投入全部身心的啊！实在抱歉，我应该再认真一些，至少应该忘记暑热与饥饿而投入其中。腿脚疼痛、暑热、饥饿……我觉得这半年艰苦、辛苦、痛苦，真的很对不起松下先生。

听了先生的这番话之后，这半年成了我的人生中不可或缺的半年。后来，我对松下先生的认识也从单纯的经营家转变成“哲人经营家”。当时，松下先生被人们称作“经商之神”“经营之神”，但他以“死而无憾”之心归纳出的解说人类观的著作，并没有命名为《从商之道》《经营之道》，而是以《为人之道》为名，这令我至今感慨万千。

松下先生一面从事经营活动，一面构建起令人幸福、调动人的能力的人类观，他始终觉得“人是重要的”“人是伟大的”“每个人都是钻石”“人的价值是无限的”。松下先生将松下电器的经营作为手段，确立起以实现人类幸福为目标的人类观，可以说他的一生就是为此而存在的。我希望有更多的人这样去理解松下幸之助先生。

我思考时的依据是自然和宇宙

“我没怎么上过学，不能像你们那样可以依赖学问、知识。老实说，很多情况下，我也很难判断世人说的话有多少是正确的。我的依据就是宇宙、自然，也就是万物。我观察自然的演变、变迁，据此进行思考。没人教我；就算是有人教，没有知识的我也理解不了。所以我别无选择。

“有时，我也会碰到难题，一筹莫展。那时，我便一动不动地与自然对视，看太阳、月亮的升起、落下，看风怎么刮，看周围景色的变化，看树叶的枯萎飘落与树木的成长。我一边思索这些自然姿态与它们呈现的变化，一边在心里领悟理解。

“太阳普照着世间万物，风儿吹拂着世间万物。嗯，无拘无束、一视同仁，在思想与态度上就要这样不受拘束。这让我想到了要以坦诚之心思考并行动。”

也有人把松下先生的观点称作“坦诚教”，因为松下先生一直在说：“只有坦诚是最重要的。”“只有坦诚会带来幸福。”“只有坦诚是成功的基本前提。”“坦诚之心让你变得强大、正确、聪明。”

这么一想，确实，也许真的可以称为“坦诚教”。那么，松下先生为什么说“坦诚”“坦诚之心”重要呢？这很大程度上是来自于他在学徒时期积累的经验，即为私心所扰就会失败，以诚相见则会成功的“经验之谈”。但我据松下先生所言的“通过观察自然来进行思考”推测，松下先生的坦诚观点是从他“解读自然”的观察力中产生、萌发的。

这样来看，松下幸之助先生独特的思想虽然不是什么宗教派别，但与其叫“坦诚教”，不如称作“天地自然教”或“自然法则教”，这样更能体现松下先生的观点、思想和哲学的产生基础。所以，我认为松下先生的观点、思想是“实践哲学”，松下先生是“实践哲学家”。

“想想看，宇宙间的一切万物都遵循着自然法则，不受拘泥，各自行动。人类也是存在于宇宙自然间，同样也必须遵循自然法则，无拘无束地去行动。”

自然法则的特质是变化发展

一到春天树木便长出新芽，再从嫩绿色变成深绿色，春去夏至。夏季炎热，最近几年天气变得越发暑热。接着，迎来秋季。等送走冬季，又到了春天。看到风景、四季这般变迁，便会真切地感受到自然法则的存在。

“我也不懂得什么是自然法则，就是类似于形成万物之力或法则这样的东西吧。水从高处流向低处，物体自上而下落下，这也是自然法则。这些法则作用于宇宙万物。什么是这些自然法则的特质呢？我想就是变化发展。”

佛教说“世事无常”，一般用它来表示这个世界上没有一样东西是永恒的。字典里也是这样解释的。在《平家物语》的开头也有“祇园精舍钟声响，诉说世事本无常”的描述。但松下幸之助先生并不是这样解释的。这个世界上的一切都是无常的，先生认为其意思是“不是一定的”，他强调的是动。他认为“动”的方向不是“虚无”“灭亡”“衰退”，而是“变化发展”“繁荣”。

整个宇宙万物都在不停地变动，对此大概没人会有异议吧。要如何看待这种变动呢？是衰退还是发展呢？世界自身是不会言语的，是什么样，完全取决于人类怎么看。松下先生是一位实践哲学家，与客观、科学地解释相比，他考虑的是怎样解释才能让人类幸福，怎样解释才能实现世界和平。即使客观、科学地加以推测，那也仅仅是假设。按照达尔文的进化论思考人类的诞生，就和思考日本的诞生差不多。就像我们从母亲胎内出生的瞬间便不知道自己是如何诞生的一样，很难断定人类究竟是怎么诞生的。宇宙的诞生也是一样，不是仅用大变革就能说明的，对此有诸多说法。

“为什么呢？第一，人类只有这样想才会幸福。因为反正都是无法断定的事。在日益发展的法则中生存，自然有人类努力的意义所在，会产生要努力、要下功夫的热情、热忱。但如果认为这个世界是虚无的，是逐渐衰退的，人类再努力也毫无意义的话，人们就不会想要努力，不会想要创造一个美好的世界、创造世界和平了。如果衰退、虚无、破灭是世间常态的话，你还会拼命努力吗？只要努力，就能实现和平，就能把我们的国家建设好。只要遵循自然法则，拥有坦诚之心，就一定能够实现。只要没有私心，肯付出努力，繁荣、幸福的法则便会贯穿于宇宙、地球以及人类中，就能够实现和平、幸福与繁荣。所有人都会这样想，并付出努力，下功夫。自然的法则就是变化发展。”

死亡不也是变化发展的一种姿态吗？绿油油的叶子，会随着秋天的到来枯萎、飘零；但来年春天，树木又会长出新芽，枝繁叶茂；几经反复，终于长成参天大树。把人作为个体来看的话，就好像这树叶一般，人死离世；但从人类整体来看的话，则也是变化发展的一种姿态。我似乎理解了松下先生“死亡亦是变化发展的一种姿态”的观点。

将死亡视为衰退，这是人类自身的观点。就算这是上帝说的，是佛说的，但也都不是直接和我们说的。就算是听见了上帝的声音，听见了老天的声音，那也不过是人类做出的解释。如果说怎么看是人类的自由的话，那么，认为“宇宙万物是变化发展的”这一观点更能让人们幸福，这样解释、思考难道不好吗？

“因为自然法则具有变化发展的特质，所以人类遵循自然法则，必将获得成功。不成功是因为没有遵循自然法则。不老实地遵循自然法则，是不会成功的。”

我们每个人的工作与企业经营也是一样的，本来都是一定会取得成功的，不成功或做不好，是因为不按照自然法则行事。就像春夏秋冬四季轮回、太阳东升西落、水从高处流向低处、物体自上而下落下一样，人类不为私心所困，不被条条框框、私欲、私情所限，做该做的事，不该做的就不做。这些都能做到的话，经营、生意、人生就很容易成功。松下幸之助先生常常这样告诫我。

“生产卓越的产品，以令大多数人满意的低廉价格销售，生意就会兴隆；生产劣质产品，以令大多数人不满的高价销售，生意则会败落。这是正常的。无论有钱没钱，谁都想便宜地买到高品质的商品，这是人之常情。做人情生意，便不愁没有客源。这些极其平常的事都做到了，生意、经营一定会成功。这就是遵循自然法则的生意。”

超越经营的框架进行思考

如前所述，松下幸之助先生构筑了“自然法则具有让万物变化发展的力量”这一观点，由此观点推导出，拥有坦诚之心，不为私心所限，遵循自然法则，世上就没有什么是做不到的。

这个观点也可以用于商业经营、经济、政治、人才培养和人生，但我们却很难做到。我们被自己的感情所限，被立场所限，被地位名誉所限，很难遵循自然法则，不坦诚，因此而导致状态恶化，枉费辛苦，难以达到期待的成果。如果每个人都这样，聚少成多，产生冲突，最后就会导致战争。而如果遵循自然法则的话，人类原本就被赋予了进步发展的本质，换句话说，生而被赋予了实现和平、幸福、繁荣的力量，所以，只要不被自身限制，坦诚地遵循自然法则，这就够了，一定能取得成功，能够实现世界和平。

“我认为做不好是因为受到限制，因为不坦诚，因为不遵循自然法则，所以必须要坦诚。坦诚之心让人类幸福，为人类带来繁荣、和平与幸福。”

但松下先生所言的坦诚之心，并不是人们说的对一切都言听计从。前面也说过，坦诚之心既不是“无邪之心”，也不是“童心”。

“真正的坦诚之心是遵循自然法则之心，坦诚地面对一切。虽然我说要遵循自然法则，但遵循自然法则的努力却并不容易做到，坦诚之心不是那么容易树立的，需要努力，努力才是通向成功的道路。一直以来，我就是这样想，这样做的。宇宙自然万物是我的老师，我对经营的观点不是只局限在经营这个框架里思考的，我总是跳出框架去思考什么是人类，什么是宇宙，什么是自然，是否有什么贯穿于其中，并将由此得出的结论应用于经营。”

由此可知，松下幸之助先生的经营观点仅仅是他整体观点的一部分，绝不是全部。

很多人称松下先生为“经营之神”，但实际上，松下先生一直不停思考的是宇宙、万物、自然、人类。松下先生一面从事经营，一面思考什么是人类的本质，什么是人类的幸福，宇宙的本质是什么，自然的法则是什么。他在天地自然中探索繁荣的原理。这就是“松下幸之助先生实践哲学的思考”。

人类来自于根源

PHP研究所里有一座小圣祠，名为“根源圣祠”。松下先生每次来研究所，都必定在根源圣祠前摆上圆形坐垫，像打坐一般盘腿而坐，双手合十，低头默拜2~3分钟，有时是4~5分钟。根源圣祠供奉的既非神，亦非佛，圣祠里只有一块木牌，上面有松下先生亲手书写的“根源”二字。里面只有松下先生的“根源”观点，它是松下先生“实践哲学”的原点。

“为什么我会有根源这个观点呢？是这么回事。想想看，像我这么一个不值一提的人却在生意上取得了成功，是不是不可思议？等有人问起，我再做像样的说明吧。说老实话，连我自己也不知道真正的原因是什么。”

松下先生说，有一天，他觉得应该感谢给予自己存在的人。是谁造就了自己的存在呢？那就是给予自己生命的父母。必须感谢父母。但父母又是怎么存在的呢？不就是来自父母的父母吗？他们的父母又来自于他们的父母……这样层层追溯，最后就到了人类的祖先。于是，自己便和人类的祖先联系到了一起。

自己能有今天，当然要感谢父母和他们的父母，但也应该感谢最初的人类，即我们的祖先。这是松下幸之助先生的观点中最具代表性的。如果是我们的话，可能首先会去翻书本，在书中寻找这样的观点或查找某人提出过这种说法。但松下先生在翻看书本之前，首先从自身的存在进行思考（我对松下先生的这种想法颇有感触，而且也很佩服），然后再征求多数人的意见，参考多数人的观点，最终确立起自己的结论（这个过程也体现了松下先生的特点）。

“我又想，最初的人类是从哪里来的呢？我左思右想，也没想明白。我想了又想，当然也请教了很多人。但这回却没能轻而易举地找到答案。一番苦思冥想之后，我的心中突然冒出了一个念头：人类来自宇宙的根源，是靠根源具有的力量诞生的。人类来自宇宙的根源，而且，不仅是人类，一切宇宙万物皆来自这个根源，因其力而诞生。我不知道这是否是事实，但这种想法我最能够理解。而且，我认为这种根源的力量有一个规则，那就是自然法则。这种力量到底是一种什么样的力量呢？一番思索之后，我觉得就是让一切宇宙万物变化发展的力量。”

今日有人类的存在，追溯根源，寻找到最初的人类、祖先，再超越祖先达到宇宙的根源，对“存在于此”的感谢实际上就是对“宇宙根源”的感谢，由此，松下先生设立了“根源圣祠”。

那么，根源存在于何处呢？对这个问题的解释非人类智慧可及。但根源是的的确确存在的。例如，存在于某个细胞中的一个分子里。把这个分子放在细胞中是很好理解的，但如果超出了那个细胞，还能理解脑细胞、心脏细胞，不，能理解脑或心脏本身吗？恐怕不能吧。自己这样一个分子为什么可以活动？这个问题，分子无论怎么思考也想不出答案。但实际上，它作为分子是存活于一个细胞中的。

或许可以说，根源与大脑、心脏等的存在是一样的。虽然无法从细胞的分子中确认到，但它确实是存在的；虽然无法确认并看到细胞中的分子，但根源是存在的。否则，就没有宇宙的诞生，也不会有人类的诞生。不能说看不到、确认不到便不存在。远在外地求学的孩子，虽然看不见、确认不到，但却没有父母会认为孩子是不存在的。这是一样的道理。

有一次，我问松下先生，他在根源圣祠前盘腿而坐、双手合十的时候都想些什么。

“嗯，我在感谢宇宙的根源让我有了今天，我在表示感谢，我祈祷并发誓今天一天能够以坦诚之心度过。这里是我表达谢意、发誓坦诚的地方。”

也有很多人对松下先生的这种实践哲学提出异议。我无意说那些反对意见、异论是错误的，每个人都有自己的观点，无可厚非，但我希望各位记得，松下幸之助先生构筑了这样一个实践哲学，并依照它取得了作为经营家的巨大成功这一事实。

人类是伟大的存在

“人类是伟大的存在，是宇宙之王。可能有许多人觉得这句话显得不逊、傲慢。我虽然不懂是什么道理，但我看到的现实很明显就是这个样子的。人类在这个宇宙中是最伟大的。”

具体想想看，或许确实可以这么说。例如，人杀人是犯罪，会判死刑，但狗在交通事故中被碾死，肇事者就算受到责难，被按条例处以罚款，也不至于被判死罪；为开拓住宅用地而砍伐茂密生长的树木也不会受到惩罚；杀戮、食用饲养的鱼和牛羊也不会受到处罚；也没有人会因为把猫狗拴在链子上，将它们作为人类的宠物，像玩具一样对待而受到责怪。

世间万物的生命皆靠进食其他生命而得以延续。以鱼为例，小鱼吃海藻，大一点的鱼吃小鱼，它又被更大的鱼所食，就是这样维持各自的生命的。陆地上的动物也一样，蝗虫食草，螳螂食蝗虫，小鸟食螳螂。顺着这种“食与被食”的关系，就能够看到一条链状关系，即我们所说的“食物链”。但这种顺序到了人类那里却戛然而止，人类可说是存在于“万物金字塔的顶端”。为什么会产生这种现象呢?

我不知道其原因，恐怕也没人知道原因。但人类作为宇宙中的王者而存在，君临“万物金字塔的顶端”，这是事实。而且，只有人类在不停地构筑文化与文明。

那么，该如何看待这些现象呢？宇宙的根源在让宇宙万物诞生的同时，也让人类站在了它的顶点，让人类统治宇宙万物，也就是将人类推到了发挥宇宙万物各自的特点，且遵循自然法则对其充分利用的位置上。除此之外，再也想不出其他的。所以，我们应该认识并理解人类是伟大的存在，是宇宙万物之王。

王者的责任无比重大

人类尽管是王者，却并非霸者，并不是可以为所欲为的。人类正因为身为王者，站在“万物金字塔的顶端”，所以更要统治宇宙万物，发挥万物各自的能力，以保证它们存在。也就是说，要充分发挥宇宙间存在的一切万物的能力，实现宇宙万物的共存共荣。人类的责任是无限大的。

有个词是“noblesse oblige”，直译为“身居要职，具有强制性的义务”，意思是“身居高位，相应地，承担的责任也很重大”。“因为是王者，所以责任重大，其他万物皆不可比。”松下幸之助先生就是这样认为的。

“这不是单纯的理论推导，而是静观实际的现象并坦诚地思考，自然得出的结论。很多人认为，人类的存在与其他万物相同，人与其他动物、植物并无两样。但是否因为人类屠杀其他动物不算犯罪，就也可以杀人呢？人和人就可以互相残杀吗？实际上并非如此。这是因为人类在无意识的状态下认识到自己是最伟大的存在。”

也有人说人类并不伟大，而是罪孽深重的。他们认为人类是不值一提的，是渺小卑微的存在，认为“人类是伟大的”这个观点是错误的。松下先生的人类观发表之后，马上就有人出来批判。每个人都有各自的想法，所以松下先生当时没有进行反驳，甚至没有做出任何反应。但现在，我倒想问问那些批判者、反对者，人类伟大的观点与人类渺小的观点，哪一种能够带来幸福的结局呢？如果人类是渺小的，那么是否“只承担小小的责任就够了”呢？

该怎么看待人类呢？对此，很难有一个客观、科学、确凿的答案。基于自己的性格、经历、所居的位置、身处的环境等，一百个人会给出一百种解释，所以松下先生也知道对人类的看法、人类观会有种种不同。但根据自己的经验，他得出结论，最终获得幸福的人类观、实现和平的人类观、带来繁荣的人类观、“人皆王者”的人类观，毫无疑问是最为人们喜好的人类观。

有的人认为，按照人类是渺小的，是微不足道的存在这种卑微的人类观来看，就算做出无谋之举，宇宙、自然也会设法帮我们摆平的。例如，渺小的人类排放污水，会有广袤的自然、海洋为我们净化。在这种想法的驱使下，人们就会排放有害物质，污染空气，破坏自然。而如果告诉年轻人人类不值一提的话，他们便有可能若无其事地杀害残疾人，对人杀人满不在乎，最终导致战争。

如果没有身为王者的觉悟，没有责任感，便会毫不在意地杀戮其他万物，断绝其他万物的生命链。一直抱着这种人类观的话，地球就会走向灭亡之路。人类用自己的手勒断自己的脖颈，将自己杀死，这岂不成了“人类的自杀”吗？

松下幸之助先生提出的“人类是伟大的存在”的人类观，是遵循自然法则、支配万物、君临宇宙的人类观。如果每个人都能认识到“人类具有无穷大的能力”，并且都具备人类的责任无比重大的人类观，就不会再有地球污染、环境破坏，甚至连战争都将不复存在。

人类具有无比巨大的能力，人类自身的行动就能破坏地球、宇宙。人类对自然做出的每一个举动，都可能污染海洋、空气，最终不仅会破坏地球，甚至可能毁灭宇宙，造成无可挽回的局面。不遵循自然法则，就会导致这些严重的后果。

让普通员工承担社长的责任，实在是强人所难

没有将松下幸之助先生的观点深化到人类观的人，认为松下先生的观点是“性善说”。但正如我反复重申的，松下先生虽然说“人类的力量是伟大的”，但并没有说“人类原本是善良的”“人类原本是邪恶的”或“人类是强大的”“人类是弱小的”。

松下先生说：“因为人类具有伟大的力量，怎样发挥这股力量将决定善更善，或恶更恶。”如果硬要用“性善说”或“性恶说”来概括松下先生的人类观的话，它可称作是“性伟说”——人类并非生来就善或生来就恶，人类的力量是无穷大的。

锋利的刀，其自身非善，亦非恶，因其用途不同，才有了善恶之分。用来做饭，厨师会评价这锋利的刀是一把无以伦比的好刀，旁人也都会这样认为；但拿这把刀杀人，它就成了锐利的凶器，成为犯罪的工具。松下幸之助先生的“人类是伟大存在”的观点说的是“这把刀锋利无比，是刀中之刀”，所以使用这把刀时要比用其他刀更负责任，更小心翼翼，更谨慎；绝不是说“刀是好物”或“坏物”。如果对此有误解，就会将松下先生的人类观评价为傲慢、不逊、浅薄的观点。

耶稣在世时的人类观

虽说由于文明的发展程度和历史背景的局限，有令人无可奈何之处，但过去的人类观确实过于轻视“人类的力量”“人类的本质”。那也是没有办法的事。耶稣在世时的世间是怎样的？释迦牟尼佛在世时的世间是怎样的？穆罕默德出生时的世间是怎样的？源于犹太教的基督教、伊斯兰教被称作“沙漠宗教”。犹太民族生活在沙漠地区，在严酷的环境中过着贫困潦倒的生活，犹太教就是在这样的情形下诞生的。在耶稣生活的时代与穆罕默德生活的时代，人们也处于贫困与饥饿之中，无法和现在相比。当然，那个时代的人对自然或他们自身也都感受到身为人类的无能为力，人类的渺小、贫困和饥饿让人们感受到本身为人之罪、作为人需要背负的罪业，即“原罪”。他们寻求救赎，这是当然的趋势。

佛教也是一样。释迦牟尼是释迦族的王子，但是他二十九岁的时候出游四门，从王城的四扇门走出去，看到的是横卧街头的死人、为病痛所苦的病人和衰老不堪的老人。看到修行之人，他决意出家。由此很容易理解当时的社会百态吧。

在这种情形下，人们当然会产生“人类是卑微的存在”“人类是罪孽深重的凡夫俗子”“人类是渺小的存在”“人类是有罪之子”“人生而有罪”的想法。但松下幸之助先生常说：“耶稣、释迦生活的时代与现在的时代是不同的，当然对人类的看法也就不同。”时代在进步，在经过了两千年、三千年的当今时代，在我们生活的这个社会，还用“在贫困中诞生的人类观”“在饥饿和疾病的苦难中诞生的人类观”“在从一地到另一地只能徒步前往的时代诞生的人类观”去思考，能够得出正确的解决对策与结论吗？难道不认为社会有惊人的进步吗？难道人类要永远把自身当作“渺小的存在”，“被自然娇惯”吗？难道可以一直视自己为罪孽深重的凡夫俗子而逃避责任吗？“卑微的有罪之子”这种人类观的“耐用年数”已经达到了极限，难道不该构筑起崭新的人类观，确立起“人类是伟大存在”的觉悟与强烈责任吗？

我认为，松下先生提出的“人类如果没有自己是王者的觉悟，宇宙上的所有生命就得不到救赎”的观点，将在今后的人类历史上占有重要一席。

> **“人类是伟大的，顺应宇宙的变化、支配万物的能力是作为本性赋予人类的。人类如果不确立起这种新的或说是正确的人类观，是不可能得到和平、幸福与繁荣的。”**

抱歉的是我

松下先生在他八十岁的时候说："我要活到一百六十岁。"

在他11月27日生日那天收到的贺礼中，有一份礼签上写着"半寿"。将"半"字拆解开就是"八十一"，满八十岁时，虚岁为八十一岁，所以八十岁称为半寿。"白寿"是九十九岁。"百"字去掉"一"为"白"，所以，百岁减一即九十九岁为白寿。八十八岁则是"米寿"，因为"米"字可拆解为"八十八"。当时，看到"半寿"这两个字，松下先生认为八十岁是一半，全寿就是一百六十岁，所以他说自己要活到一百六十岁的全寿。但这并不是松下先生第一次说出这样的话。

以前，先生也曾说过要活到一百零六岁。松下先生出生于明治二十七年（公元1894年），活到一百零六岁的话，就横跨了19世纪、20世纪、21世纪三个世纪。他曾说："你多大了？要活三个世纪可不是件容易的事，需要生于某个世纪末。活三个世纪，那可是件愉快的事呢。"

先生还曾说过："我要活到一百三十岁。"当时全世界的长寿记录是一百二十二岁（这是一位法国女性创下的记录，1875年2月21日—1997年8月4日），他想要打破这个记录。活到一百二十五岁也行，但是把寿命定为一百二十五岁的话，就有可能连一百二十二岁也活不到了，所以他笑着说干脆就把寿命定为一百三十岁吧。

松下先生说要活到一百三十岁之后，我被京都大德寺的立花大龟大师唤去。“好像松下先生说要活到一百三十岁，但要是活不到的话可就丢人了。人能活到一百岁都不多见，那么说不太好。你跟在他的身边，怎么能让他那样说呢？我觉得这话不该随便到处说，你告诉他我说不让他再那么说。”大师比松下先生小五岁，后来活到了一百零五岁的高寿。

但我并没有把这番话向松下先生转达。因为就算松下先生活不到他说的年纪，先生也会竭尽全力活到最后的，他不会糊涂，也不会苍老。但如果想到可能明天或一年后就会死，那他必然会活得无力。松下先生最终于九十四岁时故去，他始终在不遗余力地奋争，最后保持着清晰的意识结束了一生。

平成元年（公元1989年）4月27日，松下先生停止了呼吸。就在那之前的25日，松下纪念医院的横尾定美院长说：“我们要给您插管吸痰，对不起，请您忍耐一下。”松下先生吃力地回答：“哪里啊，抱歉的是我。”对这件事，院长评价道：“有句话叫‘人之将死，其言也善’。生命垂危之际，他还在替他人着想，我被他的人性深深打动。这句话成了他临终前的最后一句话，但至今仍印在我的脑海中，难以忘却。”这成为象征松下幸之助先生为人的一句话。

直到生命的最后一刻，都有替他人着想的意识，这不正是因为松下先生有“要活到一百零六岁；不，是一百三十岁；不，不，是一百六十岁”的强烈愿望吗？

创立的由三个人开始的事业发展为包括相关者在内共几十万人的大公司，松下幸之助先生被人们誉为“成功者”“当代摄政大臣”“经营之神”，但松下先生从不认为自己是成功者。

我一直认为并且也一直在说：“既然生而为人，那么作为人取得成功是重要的。从这个意义来说，我还不能算是成功。”松下先生是一个比他人爬得更高的人，但他仍在看着前面更高的山峰。他总是向前看，不停地追逐着远方。

在结束此书之前，我想再记述两段小小的回忆。

一件发生在松下先生九十岁那年的1月3日。松下先生常去伊势神宫参拜，但近几年由于身体原因就没有亲自去，由我替他前往伊势神宫参拜。那天晚上，我与往常一样，带着纸符与敬神的酒前往松下先生那里。我们两个人边吃年夜饭边闲聊。松下先生说今年“想建一所大学”，他说想让我帮忙看看要建一所什么样的大学，要设立什么样的课程。

听了他的话，我说：“您要建大学吗？那您可就是校长了啊。”“我可做不了校长。”我问道：“那么是理事长吗？”“我哪里做得了校长、理事长啊，这得让了不起的人去做。我想成为那所大学的第一个学生。”

到了第二年的1月4日，松下先生对我说：“今年我想进中学读书，你帮我找找学校吧。”

虽然他的这两个愿望都没有实现，但他学习的姿态和热忱一直到最后都未曾停息。

人过五十，往往会对人生做起减法，因为这样容易保身。很多人过了七十岁就认为人生已近终点，还能赏几次樱花而已。这样一想，就活得消极起来，没有了精气神，也失去了活力。但想要活到一百六十岁，就不会是做减法的人生了。想到还有八十年要活，就会想到很多想做的事和必须要做的事，就有了气力，也就无暇犯糊涂了。松下先生直到晚年都一直怀有许多梦想，并为其实现不断地付出行动。

松下先生开设培养政治家的“松下政经塾”是在他八十五岁的时候，迄今已有几十位国会议员出自政经塾。且不论创设政经塾的是与非，他的这种意气是浩大的。此外，松下先生在八十七岁时还想过结成新政党，不过最终没有实现。

松下先生直到人生的最后都心怀各种想法并付诸实施，原因之一就是他有要活到一百六十岁的强烈愿望。在八十岁时想要活到一百六十岁的松下先生的决心可以说是以各种形式结出了硕果，而且，恐怕谁都承认他取得了人生的成功。